100 RÉPARTIES DE LÉGENDE

Avant-propos

On en reste bouche bée. Avoir de la répartie *, savoir sur-le-champ remettre à sa place un casse-pieds, affronter un malotru avec pour seule arme le langage, quelle chance ! Certains sont plus doués que d'autres pour cet art si difficile, ces fulgurances si spontanées. Hélas, quand la bonne idée, l'amusante formulation, nous vient en tête, il est déjà trop tard. C'est l'esprit de l'escalier, et nous sommes nombreux à en souffrir. Dans ces pages, admirons la virtuosité de ces personnalités : artistes, hommes politiques, personnages historiques, tous ont ce talent et en usent allégrement ! De Marilyn Monroe à Voltaire, de Pablo Picasso à Winston Churchill, de Charlie Chaplin à Jacques Chirac, ils nous régalent de leurs traits d'humour ravageurs et foudroyants. À présent, entraînons-nous, prenons exemple sur ces maîtres de l'improvisation, tâchons doucement mais sûrement de copier l'un d'entre eux. Osons dépasser les bornes ! Soyons même féroces, pourquoi pas, comme l'imperturbable Tristan Bernard, qui, au théâtre, console un spectateur désolé d'avoir raté le premier acte d'une pièce : « Rassurez-vous, l'auteur aussi. » Rions de tout comme Arletty, arrêtée à la Libération pour collaboration, répondant au juge lui demandant comment elle se sentait : « Pas très résistante. »

Ces réparties, connues ou oubliées, toujours brèves et souvent désopilantes, ne sont-elles pas plus irrésistibles qu'un long discours ?

Et maintenant, à nous de jouer, vite, cherchons le mot juste, la phrase cinglante, et dépêchons-nous de la proférer à qui nous importune.

Laurence Caracalla

**Pour les puristes, le mot « repartie » ne prend pas d'accent aigu. Mais depuis la réforme de l'orthographe de 1990, il est autorisé ! Nous avons choisi, pour une meilleure compréhension, de suivre cette nouvelle règle. Nous écrirons donc, au fil des pages, « répartie ».*

La plupart des artistes ont le goût des mots.
Ils sont écrivains, cinéastes ou comédiens
et savent manier la langue comme personne.
Quoi de plus naturel pour eux que de lancer
une répartie bien sentie. En voici la preuve !

CULTURE :
LA RÉPARTIE
LES REND LÉGENDAIRES

Albert Einstein à Charlie Chaplin

Échange entre deux grands hommes…

« Ce que j'admire le plus dans votre art, c'est son universalité. Vous ne dites pas un mot, et pourtant, le monde entier vous comprend.

– C'est vrai. Mais votre gloire est plus grande encore : le monde entier vous admire, alors que personne ne vous comprend. »

Ils n'étaient pas des intimes, mais leur admiration mutuelle était connue de tous. Albert Einstein et Charlie Chaplin, deux des plus célèbres génies de leur temps, se rencontrent pour la première fois en 1926 lors d'un dîner organisé par le comédien. La complicité entre le roi du burlesque et le prodige de la relativité est immédiate. Cinq ans plus tard, Albert Einstein, de passage à Hollywood, n'a pas l'intention de rencontrer les stars du show-business… à une exception près : il souhaite s'entretenir avec le créateur de Charlot. On ne peut rien refuser au prix Nobel de physique, alors au sommet de sa gloire ; il est donc invité à se rendre aux studios Universal où tourne Chaplin. Ce dernier convie son admirateur à la première des *Lumières de la ville,* le 2 février 1931. C'est en sortant de la projection, subjugué par le film muet qu'il vient de découvrir, qu'Einstein prononce ce bien beau compliment auquel le réalisateur, roi de la formule, aurait répondu avec l'élégance et la rapidité d'esprit qui le caractérisaient.

Pablo Picasso à Otto Abetz

L'ambassadeur du IIIe Reich voyant la peinture *Guernica* :

« C'est vous qui avez fait cette horreur ?
– Non, c'est vous. »

Œuvre monumentale, peinte en noir et blanc, *Guernica* est le chef-d'œuvre mondialement connu de Picasso. Il en a l'idée quelques jours après le bombardement d'une ville basque, Guernica, entièrement détruite le 26 avril 1937 par les armées de Hitler et de Mussolini, qui soutiennent Franco durant la guerre d'Espagne. Picasso réalise la toile, commandée pour l'Exposition universelle de Paris, cette même année 1937. Deux ans plus tard, il reçoit la visite à son atelier parisien d'Otto Abetz, qui, devant une photo de *Guernica,* alors exposé au MoMA de New York, comprend, un peu tard, ce que le peintre avait voulu dénoncer.

Marilyn Monroe

En réponse à un journaliste :

« Que portez-vous pour dormir ?

– Chanel n° 5. »

On ne saura jamais à quel moment Marilyn lança cette magnifique répartie. Mais, dans une interview pour le magazine *Life* daté du 7 avril 1952, la comédienne en raconte les coulisses : les journalistes, avides de connaître sa vie privée, et même intime, lui posaient des questions auxquelles elle ne savait pas toujours quoi répondre. Elle n'osa pas dire, frontalement, qu'elle dormait toujours nue comme un ver. Marilyn, tellement plus intelligente, tellement plus spirituelle qu'on ne l'a longtemps cru, trouva avec cette formule le moyen de dire la vérité et de ne pas (trop) froisser les bien-pensants !

Noël Coward à Edna Ferber

Le dramaturge britannique s'adresse à son homologue américaine :

« Edna, vous ressemblez presque à un homme.

– Vous aussi. »

Comédien, romancier, auteur dramatique, scénariste… Noël Coward (1899-1973) fut une figure très populaire de Grande-Bretagne. Ouvertement homosexuel, il était aussi réputé pour son impertinence et son humour ravageur. C'est à l'hôtel Algonquin de New York, où se retrouvaient les artistes du moment, qu'il croise la non moins célèbre romancière et dramaturge américaine Edna Ferber (1885-1968), qui n'avait pas la langue dans sa poche. Habillée en costume d'homme, une tenue très à la mode pour les femmes dans les années 1930, elle remit vertement son ami à sa place !

Alfred Hitchcock à Mary Anderson

L'actrice américaine l'interroge sur le tournage d'un film :

« Quel est mon meilleur profil, monsieur Hitchcock ?
– Très chère, vous êtes assise dessus. »

C'est une comédienne un peu oubliée, qui fut pourtant une star de Hollywood dans les années 1930 et 1940. Mary Anderson faillit même incarner la Scarlett d'*Autant en emporte le vent*. Elle est engagée par Hitchcock pour son film *Lifeboat*, dont le tournage commence en août 1943, et le grand réalisateur, comme toujours, n'est pas très charitable envers les actrices qu'il n'admire pas. La pauvre Mary, dotée d'un physique plutôt avantageux, comprit, après cette répartie cinglante, qu'il valait mieux faire preuve de retenue quand on travaillait avec le maître du suspense !

Winston Churchill à George Bernard Shaw

L'auteur interpelle l'homme d'État :

« Je vous ai gardé deux tickets pour la première de ma nouvelle pièce. Amenez un ami… si vous en avez un.
– Je ne pourrai pas venir à la première.
Je viendrai à la deuxième… s'il y en a une. »

On aimerait tant que cette fabuleuse réplique soit véridique. Hélas, George Bernard Shaw lui-même niera jusqu'à la fin son authenticité... On le comprend, tant cette répartie est cruelle ! D'autres assurent qu'un télégramme a bien été envoyé par le dramaturge irlandais à Winston Churchill le 21 octobre 1948 pour la première de *Milliards flottants*, une pièce hostile à la bombe atomique. L'ancien Premier ministre britannique (qui le redeviendra en 1951) n'attend pas longtemps pour riposter. Il connaît Shaw depuis 1921 et, s'il apprécie son œuvre, il a des réserves sur ses idées. En effet, ces deux fortes personnalités s'affrontent régulièrement ; ils ne sont pas du même bord politique – l'un est socialiste, l'autre conservateur – et leurs prises de bec sont nombreuses. Quant aux répliques de Churchill, elles sont aussi célèbres qu'irrésistibles et font de lui l'homme politique le plus drôle de son siècle. Mais George Bernard Shaw n'est pas en reste : on lui doit de multiples traits d'humour, comme, par exemple : « Si les Anglais peuvent survivre à leur cuisine, ils peuvent survivre à tout. »

Karl Lagerfeld

Lorsqu'on lui demande s'il a déjà songé à son enterrement...

« Quelle horreur ! Il n'y aura pas d'enterrement. Plutôt mourir. »

Il fut bien plus qu'un grand couturier, une star populaire connue du monde entier. Si on le reconnaissait de loin avec son catogan, ses mitaines, ses lunettes noires et son éventail, il est bientôt devenu un personnage culte grâce à ses réparties incendiaires et le plus souvent implacables. Son âge était un secret bien gardé, sa vie intime aussi. Lui qui paraissait immortel s'éteint le 19 février 2019. Ses dernières volontés ont été respectées : il n'y eut pas de cérémonie en grande pompe, et presque pas d'invités prestigieux pleurant autour de son cercueil.

Ray Charles

Quand on l'interroge sur sa cécité…

« Je suis aveugle, mais on trouve toujours plus malheureux que soi… J'aurais pu être noir. »

On le surnommait « genius », tant Ray Charles fut l'un des musiciens afro-américains les plus inventifs du XXe siècle. Atteint d'un glaucome, il perd progressivement la vue, jusqu'à être atteint de cécité complète à 7 ans. Son handicap ne l'empêchera pas de travailler la musique… et sa voix. Son interprétation de *Georgia in My Mind*, devenue l'hymne officiel de l'État américain de Géorgie, est dans toutes les mémoires. Ce bluesman incomparable avait aussi de l'humour et savait rire de tout, même de la ségrégation raciale, dont il fut l'un des ardents combattants.

Federico Fellini

En réponse à un journaliste lui posant la question :

« Que répondez-vous à Luchino Visconti lorsqu'il dit qu'il reconnaît les mauvais réalisateurs italiens à leur nom se terminant en "ni" ?
– Si Viscontini le dit… »

On ne pouvait pas faire plus différents que ces deux-là. Et pourtant, ils sont devenus, chacun à leur façon, des monstres sacrés du septième art. Luchino Visconti, aristocrate milanais, et Federico Fellini, fils de petits bourgeois de Rimini, ont plus de dix ans d'écart et sont tous deux auteurs de films « néoréalistes », qui, chaque fois, déclenchent de terribles scandales. C'était d'ailleurs leur seul point commun, et une certaine animosité les opposa pendant des années. À l'occasion de la Mostra de Venise de 1954, Fellini remporte le 2e prix, le Lion d'argent, avec *La strada*. Visconti rentre, lui, bredouille, avec son *Senso*. Leur rivalité ne fait alors que s'envenimer… Situation d'autant plus complexe qu'ils employaient les mêmes techniciens, les mêmes comédiens, tels Claudia Cardinale et Marcello Mastroianni, ou le même compositeur, Nino Rota, qui écrivit des musiques pour des films des deux réalisateurs. En 1970, Fellini et Visconti se réconcilieront enfin, lors du festival de Spolète. Entre eux, plus de rivalité, et plus jamais de remarques sarcastiques.

Zsa Zsa Gabor

À la question d'un journaliste :

« Combien avez-vous eu de maris ?

– En comptant les miens ? »

Elle ne s'en est jamais cachée : la comédienne Zsa Zsa Gabor avait deux passions : les hommes et les diamants. Dans n'importe quel ordre. Mariée pas moins de neuf fois, elle était une incorrigible séductrice et ne s'empêchait pas de voler le mari d'une autre s'il lui plaisait ! On en aurait presque oublié qu'elle était aussi une formidable actrice – elle joua dans les films des plus grands, de John Huston à Orson Welles –, tant elle fut constamment à la une des journaux à scandale. Née en Hongrie, elle meurt en 2016, à 99 ans, après une vie bien remplie.

Agatha Christie

En réponse à la question d'un curieux :

« Pourquoi épouser un archéologue ?
– Parce qu'il me regardera avec de plus en plus d'intérêt à mesure que passeront les années. »

Rappelons que la romancière la plus lue du monde anglo-saxon est l'auteur de 66 romans, 154 nouvelles, 20 pièces de théâtre (et autant d'intrigues). Mais son humour… *british*, évidemment, était un autre de ses talents ! Mariée en 1914 à Archibald Christie, elle divorce en 1928 pour épouser deux ans plus tard sir Max Mallowan, de quatorze ans son cadet, célèbre archéologue, spécialiste du Moyen-Orient. Dès lors, elle accompagnera activement son mari lors de ses fouilles, et ses voyages lui inspireront de nombreuses œuvres, comme l'une des plus célèbres, *Le Crime de l'Orient-Express*.

Peter O'Toole

Lors d'une interview :

***« Comment faites-vous pour être si mince ?
Du sport ?
– Le seul sport que j'ai fait, c'est de marcher derrière le corbillard de mes amis qui en ont trop fait. »***

Il est et restera l'inoubliable interprète de *Lawrence d'Arabie,* et ses yeux bleus translucides ont fait chavirer les cœurs. Mais ce comédien irlandais était aussi un incorrigible alcoolique qui, on le pressent, n'était pas féru d'activités sportives. Sa silhouette longiligne – il mesurait 1,88 m – en faisait un parfait jeune premier, lui qui aspirait pourtant à incarner des rôles plus exigeants. Ses excès le desservirent et sa carrière connut des hauts et des bas. Nommé huit fois aux Oscars, il n'obtiendra jamais la statuette, mais demeurera pour toujours l'un des plus grands acteurs de son temps.

Sammy Davis Jr.

Un journaliste l'interroge :

« Comment expliquez-vous votre popularité ?
– Je suis vieux, noir, juif et borgne...
alors je pense que si je suis populaire,
c'est parce que je chante bien. »

Mais quelle réponse ! Sammy Davis Jr. faisait, rappelons-le, parti du Rat Pack, avec Frank Sinatra, Dean Martin ou Peter Lawford, qui se produisait à Las Vegas dans les années 1950. Petit, borgne après un accident de voiture, il chantait aussi bien qu'il était drôle. Ses acolytes firent beaucoup pour l'abolition des lois ségrégationnistes, refusant de jouer dans les théâtres qui n'engageaient pas les Noirs… comme Sammy Davis Jr. Il sera éternellement reconnaissant à ses amis, lui qui, sa vie durant, souffrira du racisme et de la discrimination ambiante.

George Bernard Shaw à Isadora Duncan

Le critique irlandais, en réponse à la remarque de la danseuse américaine :

« Quel miracle ce serait d'avoir un enfant ensemble, imaginez qu'il ait ma beauté et votre intelligence.

– Supposez aussi qu'il ait ma beauté et votre intelligence. »

On a prêté cette merveilleuse répartie à Winston Churchill, et même à Sacha Guitry ! Mais il semble qu'on la doit plutôt au prix Nobel et dramaturge irlandais George Bernard Shaw, jamais avare de bons mots, répondant à la célèbre danseuse américaine Isadora Duncan. Cette dernière, qui sera naturalisée soviétique, fut pourtant une icône du début du XXe siècle, et sa proposition aurait plutôt dû le flatter ! En effet, cette remarquable artiste, outre sa grande beauté, modernisa l'art du ballet, et est considérée comme une pionnière en matière de danse contemporaine, grâce à son originalité et à sa spontanéité. Elle subjugua les plus grands noms de son siècle par sa grâce devenue légendaire et eut de nombreux admirateurs. Dont ne faisait pas partie George Bernard Shaw, si l'on en croit cette répartie pour le moins sévère sur le discernement de la danseuse. Isadora Duncan est également célèbre pour une triste raison : elle trouva la mort à l'âge de 50 ans en s'étranglant avec son châle coincé dans la roue arrière d'une voiture en marche.

Samuel Goldwyn

Suite à une proposition de production de films à thèse :

« La MGM fait des films. Pour les messages, vous avez la Western Union. »

À Hollywood, Samuel Goldwyn fut un producteur prolifique. Né en 1879 à Varsovie, il débarque en Amérique en 1899 et songe très vite à adapter des pièces de Broadway pour le cinéma. Son caractère fougueux et son sens des affaires étaient aussi célèbres que son sens de l'humour et ses phrases pour le moins incompréhensibles, qu'on appelait des « Goldwynisms » ! Il laisse derrière lui de grands films, tels que *Les Hauts de Hurlevent* ou *Le Cavalier du désert*, loin des films à message qui, on l'aura compris, ne le passionnaient guère.

Oscar Wilde

Sur son lit de mort…

« Je meurs comme j'ai vécu, largement au-dessus de mes moyens. »

L'auteur du *Portrait de Dorian Gray* vit ses derniers jours à Paris, à l'hôtel d'Alsace, dans la plus grande pauvreté. Un mois avant sa mort, survenue le 30 novembre 1900, Oscar Wilde, dont la vie fut ô combien tumultueuse, se convertit au catholicisme. La tradition voulait alors que tout adulte baptisé boive une coupe de champagne pour fêter l'événement. Et c'est en levant son verre qu'il eut cette répartie tristement drôle. Il en énonça beaucoup d'autres, car l'écrivain irlandais fut, plus que tout, un homme d'esprit incomparable.

Dalí à Barbra Streisand

À la star, qui s'intéresse à son travail :

« Maître, je vous admire beaucoup.

– Moi aussi.

– Vous m'admirez ?

– Je ne parle pas de vous, mais de moi. »

Il est certain que Barbra Streisand, star inégalée de la chanson et du cinéma, idolâtrée dans le monde entier, ne s'attendait pas à une telle réponse. Mais c'était mal connaître Salvador Dalí, qui n'avait peur de rien et se considérait tout simplement comme un génie. Il aimait répéter, quand on lui demandait qui étaient les cinq plus grands peintres de son temps : « En 1, Salvador Dalí, en 2, Salvador Dalí, en 3, Salvador Dalí, en 4, Salvador Dalí. Et je ne vois pas de cinquième. » C'est aux États-Unis, en 1975, que les deux artistes font connaissance : Barbra Streisand, grande amatrice d'art, avait en sa possession des toiles de Van Gogh ou de Matisse, entre autres. Elle se réjouissait donc à l'idée de rencontrer Salvador Dalí… et l'histoire ne dit pas si, depuis cette drôle de rencontre, elle fit l'acquisition d'une œuvre signée par le maître espagnol. Ce dernier, extravagant en diable, ne connaissait aucune limite. Mais n'est-ce pas aussi grâce à son exubérance qu'il fut et restera un personnage aussi populaire ?

Bette Davis

Alors qu'on lui demande pourquoi elle ne joue que des rôles de garce...

« Parce que je n'en suis pas une.
C'est sans doute pour ça que Joan Crawford joue toujours des femmes respectables. »

Ce furent deux immenses stars et deux farouches adversaires. Bette Davis, aussi drôle que cinglante, et Joan Crawford, cruelle et magnifique, n'ont jamais cessé de se défier. Tout commence en 1935 : Crawford vole le fiancé de Davis et l'épouse. La guerre ne s'arrêtera plus et connaîtra son apogée en 1962 lors du tournage de *Qu'est-il arrivé à Baby Jane ?,* dont elles partagent l'affiche. Leur rivalité ne cessera même pas à la mort de Joan Crawford. Sa pire ennemie déclarera : « On ne doit jamais dire de mauvaises choses à propos des morts, on ne doit dire que du bien... Joan Crawford est morte. Bien. »

Albert Einstein

À une femme lui demandant la différence entre le temps et l'éternité...

« Chère madame, je devrais consacrer tout mon temps à vous l'expliquer et il vous faudra une éternité pour le comprendre. »

Avouons que ce cher Albert Einstein, même si sa réponse est un peu abrupte, a infiniment raison. Le temps, l'éternité… toute une histoire ! Le prix Nobel de physique, génie incomparable, avait aussi un grand sens de l'humour et savait ne pas se prendre au sérieux. La célèbre photo du savant tirant la langue en est la preuve. N'a-t-il pas dit : « La seule chose absolue dans un monde comme le nôtre, c'est l'humour » ? Le plus populaire des scientifiques avait la conviction que rire était essentiel à la vie. Qui oserait le contredire ?

Mrs Patrick Campbell

Un admirateur demande à la célèbre comédienne britannique :

« Comment faites-vous pour être aussi belle ?
– On a dû me donner votre part. »

Certaines réparties font plus mal que d'autres, et avouons que la grande actrice britannique Mrs Patrick Campbell savait y faire pour remettre à sa place un admirateur un peu trop pressant ! La comédienne était réputée pour ces commentaires amusants et pleins d'esprit, n'hésitant jamais à donner son avis sur différents sujets. Ainsi, sur les hommes : « Savez-vous pourquoi le Seigneur a refusé le sens de l'humour aux femmes ? Pour que nous puissions vous aimer au lieu de nous moquer de vous. » Ce dont, c'est sûr, elle ne se privait pas ! Née Beatrice Stella Tanner, elle voit le jour en 1865. Sa carrière fut longue et passionnante, elle joua pour les plus grands ; c'est elle, par exemple, qui créa en 1914 le rôle d'Eliza Doolittle dans *Pygmalion,* de George Bernard Shaw, un personnage écrit spécialement pour elle et qu'interprétera pour le cinéma Audrey Hepburn dans *My Fair Lady* en 1964. Elle entretiendra d'ailleurs avec le dramaturge une longue correspondance, qui sera publiée en 1952. Entre eux, une relation passionnée (mais non consommée) qui durera quelques années.

Serait-ce une spécialité française ?
Nos compatriotes sont doués comme personne pour brocarder, choquer, parfois même horrifier leurs interlocuteurs.
Et, comme on le verra, ils ne s'en privent pas !

LES FRANÇAIS (AUSSI) SONT PLEINS D'ESPRIT

Claude Dauphin

Une dame laisse échapper un gaz devant le comédien :

« Monsieur, je préférerais que cela reste entre nous.

– Madame, je préférerais que cela circule. »

Ah, ces blagues autour des flatulences ! Elles font rire de 7 à 77 ans et existent depuis la nuit des temps. Claude Dauphin ne s'en est pas privé lors de ce bal très chic où sa cavalière un peu collet monté s'est, pour tout dire, laissée aller ! Cet acteur, un peu oublié aujourd'hui, a pourtant été en son temps un grand acteur de théâtre et une vedette de cinéma. Il joua pour les plus grands cinéastes, de Sacha Guitry à Marc Allégret en passant par Max Ophüls ou Jacques Becker, dans *Casque d'or*. Il partit même à Hollywood où il tourna, entre autres, en 1958, dans le chef-d'œuvre de Joseph L. Mankiewicz *Un Américain bien tranquille*. Frère du célèbre animateur de télévision des années 1960 Jean Nohain, dit Jaboune, on les imagine tous deux blagueurs et pleins d'esprit depuis leur plus tendre enfance. En effet, leur père, Franc-Nohain, était un journaliste mais aussi un humoriste, un poète et un fabuliste, grand ami d'Alphonse Allais ou de Raymond Queneau. Claude Dauphin baigna donc dans une ambiance qui, sans aucun doute, l'influença, comme le prouve cette irrésistible répartie.

Michel Denisot à Catherine Lara

La chanteuse ose la franchise :

« Que regardez-vous en premier chez un homme ?

– Sa femme. »

C'était en 1986. L'émission de Michel Denisot « Mon Zénith à moi », sur Canal+, bat des records d'audience. Avec cette répartie, devenue culte, Catherine Lara fait un coming out à la fois drôle et sincère. Trente-cinq ans plus tard, la chanteuse, questionnée sur cette déclaration, raconte avoir été fière de son à-propos, elle qui, depuis longtemps, ne voulait plus cacher son homosexualité. Une franchise rare et périlleuse, surtout à une époque où on abordait peu le sujet : « C'était fait avec humour. Et c'était fait avec vérité », ajouta-t-elle.

Tristan Bernard

Arrivé en retard à une première, un spectateur s'assoit à côté de lui et lui fait cette remarque :

« Ah zut ! J'ai raté le premier acte !
– Rassurez-vous, l'auteur aussi. »

Les mots d'esprit étaient son dada ! Le romancier Tristan Bernard (1866-1947) n'était pas seulement célèbre grâce à son œuvre, et elle fut prolifique. Ses réparties, nombreuses et inénarrables, ainsi que ses grilles de mots croisés, comme avec cette définition : « Moins cher quand il est droit » (réponse : le piano), ont fait le bonheur de ses lecteurs. Lui-même dramaturge, auteur d'une cinquantaine de pièces, il semblerait qu'il avait la dent dure envers ses confrères ! Mais il était prêt à tout pour faire un bon mot…

Jeanne Moreau

Au cours d'une interview…

« Quel est le point commun entre tous les hommes que vous avez aimés ?
– Moi. »

On en est presque sûr : Jeanne Moreau, star incontournable du cinéma français, devait être agacée par les questions sur sa vie privée. Cette répartie, brève mais ô combien efficace, dut laisser son interlocuteur sans voix ! Libre, sensuelle, intelligente, pleine d'assurance, sa vie sentimentale fut tourbillonnante, et ses liaisons avec Louis Malle ou Pierre Cardin notoires. Lorsqu'on lui demanda ce qu'elle pensait de l'amour, la comédienne répondit du tac au tac : « C'est comme le potage, les premières cuillères sont trop chaudes, les dernières trop froides. »

Jean Yanne

Un journaliste lui demande :

« Qu'aimeriez-vous laisser derrière vous ?

– Des dettes. »

Il s'est éteint en 2003, mais le souvenir de cet acteur et réalisateur populaire, célèbre pour ses rôles chez Pialat ou Chabrol, ne s'estompe pas. Le grand public se souvient de ses interventions aux « Grosses Têtes » de Philippe Bouvard, dont il fut l'un des piliers. Son sens de la répartie, sa culture, ses improvisations, ont fait pendant vingt ans le bonheur des auditeurs. On lui doit même le slogan « Il est interdit d'interdire », repris par les étudiants de Mai 68. Souvent en délicatesse avec le fisc, il dira : « J'ai déjà essayé de payer mes impôts avec le sourire. Ils préfèrent un chèque. »

Alexandre Dumas

En réponse à un journaliste…

« Au fait, cher maître, vous devez bien vous y connaître en nègres ?
– Mon père était un mulâtre, mon grand-père était un nègre et mon arrière-grand-père était un singe. Vous voyez, monsieur : ma famille commence où la vôtre finit. »

Répartie assassine du grand écrivain français, face à ce journaliste qui joue sur les mots. En effet, Alexandre Dumas employait ce qu'on appelait des « nègres », entendez par là que d'autres auteurs, tel Auguste Maquet, « collaboraient » à son œuvre. Rappelons qu'il fut un auteur prolifique : il signa en tout 650 livres ! On pardonnera alors au créateur de tant de chefs-d'œuvre, des *Trois Mousquetaires* à *La Reine Margot*, en passant par *Le Comte de Monte-Cristo* ! Mais il était aussi le petit-fils d'une esclave de Saint-Domingue, et ses origines lui étaient souvent rappelées. Il fut en effet victime de l'intense racisme qui sévissait dans la France du XIXe siècle : « Grattez l'œuvre de M. Dumas, et vous trouverez le sauvage », disait de lui son ennemi, le journaliste Eugène de Mirecourt. Ou la comédienne Mademoiselle Mars, qui, après l'avoir reçu, lança : « Il pue le nègre, ouvrez les fenêtres. » Ces insupportables attaques ne l'empêchèrent pas d'être considéré de son vivant comme l'un des grands maîtres de la littérature. Il n'a d'ailleurs, de nos jours, jamais autant fait parler de lui, grâce aux adaptations de ses romans au cinéma. Une vengeance digne de celle de Monte-Cristo !

Voltaire

Un prêtre l'interroge sur son lit de mort :

« Renoncez-vous à Satan et à ses œuvres ?
– Oh non, mon brave, ce n'est pas le moment de se faire un ennemi. »

« Si Dieu n'existait pas, il faudrait l'inventer », disait le philosophe. Car Voltaire n'était pas athée, comme certains pourraient le croire, mais déiste. Il croyait en Dieu, mais pas en la religion, qu'il jugeait aussi intolérante que fanatique. Le philosophe des Lumières meurt à Paris en 1778 à l'âge de 83 ans, après avoir refusé de se convertir à la religion chrétienne, comme en témoigne cette toute dernière répartie. Il écrira, quelque temps avant sa disparition : « Je meurs en adorant Dieu, en aimant mes amis, en ne haïssant pas mes ennemis et en détestant la superstition. »

Antoine de Rivarol

Alors qu'une coquette s'adresse à lui…

« Combien d'années me donnez-vous ?
– Pourquoi vous en donnerais-je, madame ?
N'en avez-vous donc pas assez ? »

Le vieillissement des femmes, un grand sujet ! Délicat, bien sûr, et parfois même terrifiant. La réponse du célèbre pamphlétaire est cruelle, mais Rivarol était coutumier de ce genre de réparties et savait, ô combien, manier la langue française. Célèbre pour son ironie cinglante, il avait, on s'en doute, beaucoup d'ennemis, qui ne lui pardonnaient pas ses répliques assassines. « Il n'est rien de si absent que la présence d'esprit », disait-il. Ce grand observateur de la société de son temps ne pouvait, à l'évidence, compter parmi ceux qui en manquaient.

Adrien Hébrard

Un journaliste se rend dans le bureau de son patron et l'interpelle :

« Pourquoi dites-vous à tout le monde que je suis un imbécile ?
– Je ne savais que vous vouliez garder la chose secrète. »

Grand patron du journal *Le Temps*, de 1867 jusqu'à sa mort en 1914, Adrien Hébrard aimait à la fois le travail rigoureux et l'humour caustique. Il s'amusait à commenter le ridicule de quelques-uns avec cet accent chantant venu du Tarn-et-Garonne, dont il était originaire. Très aimé de sa rédaction, il ne pouvait résister à quelques bons mots dont, on l'aura compris, ses propres employés étaient parfois les innocentes victimes ! Pourtant, *Le Temps* a longtemps été considéré comme le quotidien conservateur le plus sérieux et le plus nuancé, notamment au cours de l'affaire Dreyfus, et ses articles, pourtant modérés sur l'événement, serviront la cause du militaire. Adrien Hébrard fut aussi sénateur de centre gauche de la Haute-Garonne durant dix-huit ans. Épicurien, fin lettré, il est le symbole même du grand patron de journal, et Émile Zola s'inspira de lui pour l'un de ses personnages dans le roman *Paris*, qui évoque, entre autres, l'affaire de Panama, qui éclaboussa grand nombre d'hommes politiques et de journalistes… dont Hébrard lui-même.

Amanda Lear

À sa propre exposition de peinture :

« Si les hommes politiques ne viennent plus dans mon lit, qu'ils viennent au moins à mon exposition ! »

Personnage singulier, muse de Salvador Dalí pendant quinze ans, petite amie de David Bowie, comédienne et chanteuse, Amanda Lear aime à surprendre. Avec son physique androgyne, on l'a longtemps suspectée d'être née homme, ce dont elle s'amuse volontiers. Drôle et pleine d'esprit, elle est ce qu'on appelle à la télévision « une bonne cliente » et est régulièrement invitée dans les émissions pour ses réparties pleines de saveur et de drôlerie, parfois osées. Mais elle est aussi une artiste, exposant des peintures qui ne semblent pas attirer le monde politique !

Sarah Bernhardt

À une jeune comédienne qui lui fait une remarque :

« Moi, je n'ai jamais le trac sur scène !
– Ne vous inquiétez pas, ma petite,
ça vous viendra avec le talent. »

Pour ce qui est du talent, Sarah Bernhardt sait de quoi elle parle ! Elle fut la plus grande des comédiennes de la fin du XIXe siècle, acclamée de toute part et dans le monde entier. C'est même pour elle que Jean Cocteau inventa le terme « monstre sacré ». Mais on lui donna d'autres surnoms, comme la « Divine » ou la « Voix d'or ». Dotée d'un caractère passionné, toujours rebelle, elle incarna les plus grands rôles. Exigeante envers elle-même, elle l'était aussi envers ses partenaires. Cette jeune actrice aurait mieux fait de tourner sept fois sa langue dans sa bouche !

Augustine Brohan

À un vantard qui proclame à la comédienne :

« Moi, les femmes m'ont toujours réussi.

– Sauf votre mère. »

Entrée à la Comédie-Française en 1841 à l'âge de 17 ans, l'actrice avait du tempérament ! Six ans plus tard, elle devient la maîtresse de Louis-Napoléon Bonaparte puis tient un salon où se bousculent Musset, Mérimée ou Balzac, dont elle devient la muse. Devenue journaliste au *Figaro,* elle écrit des portraits franchement hostiles envers Victor Hugo ou Alexandre Dumas. Ce dernier demanda même sa tête à l'administrateur de la Comédie-Française ! Quant à son sens de la répartie, il était aussi célèbre que son talent de comédienne, comme a pu le constater ce jeune vaniteux…

Michel Audiard

Quand on l'interroge sur ses débuts…

« Quand j'étais critique de cinéma, je n'allais jamais voir les films, pour ne pas me laisser influencer. »

Michel Audiard est sans aucun doute le plus célèbre des dialoguistes. Tous les Français peuvent citer de mémoire l'une des répliques des films auxquels il a collaboré, de *Mélodie en sous-sol* aux *Tontons flingueurs*. Jeune homme, il écrivait des articles dans plusieurs journaux collaborationnistes, ce qui lui valut quelques ennuis à la Libération. Sa réputation ? Étriller à peu près tous les films dont il devait rendre compte ! Ce génial dialoguiste, au sens de l'à-propos vertigineux, régalait aussi ses amis de ces réparties fulgurantes et désopilantes.

François Périer à Louis Jouvet

Tancé par Louis Jouvet, François Périer ose…

« Si Molière voit comment tu interprètes ton Dom Juan, il doit se retourner dans sa tombe.

– Comme vous l'avez joué avant moi, ça le remettra en place. »

Il était le « patron », celui qu'on admirait autant qu'on le respectait. Louis Jouvet, avec sa voix étrange, son regard glaçant, fut un immense comédien. Mais pas seulement. De 1934 à 1941, puis de 1947 à 1951, il fut professeur au Conservatoire national supérieur d'art dramatique. Dans sa classe, Bernard Blier, Gérard Oury ou François Périer, qui profitèrent à partir de 1938 de son enseignement. Le film de Marc Allégret *Entrée des artistes* rend compte de ce que furent ces cours : Louis Jouvet joue le professeur du Conservatoire, François Périer l'un de ses élèves. Même si c'est une œuvre de fiction, le réalisateur s'est inspiré du professeur et de son extrême rigueur : il impressionnait les apprentis comédiens et transformait leurs répétitions en parcours du combattant ! Même si François Périer est ici impertinent envers son maître, ils demeurèrent très proches et le jeune homme voua toute sa vie une admiration sans borne pour son aîné. En outre, c'est ce même Jouvet qui avait recommandé à un petit jeune homme de 14 ans, venu le voir après une représentation, de prendre des cours de comédie. Le gamin s'appelait… François Périer. On connaît la suite.

Paul Bocuse

À qui on demande s'il a fait des études :

« À 14 ans, j'avais mes deux bacs :
celui d'eau chaude et celui d'eau froide. »

Dans la famille Bocuse, on est cuisinier de père en fils. Et cela depuis le XVIIe siècle ! Pas le temps pour le jeune Paul de se lancer dans de longues études, lui qui détestait l'école et préférait la pêche et la chasse ! Dès 15 ans, le voici apprenti dans un grand restaurant lyonnais. Il ne lâchera plus les fourneaux. Auréolé de trois étoiles au Michelin, élu « cuisinier du siècle », Paul Bocuse avait le verbe haut et régalait ses clients de quenelles de brochet mais aussi de sa gouaille irrésistible. Et, s'il n'eut jamais de diplômes universitaires, sa renommée fut mondiale.

Marcel Achard

Lors d'une représentation d'une pièce de Paul Claudel, l'écrivain se tourne vers son voisin qui applaudit :

« C'est pour vous réchauffer ? »

Les amoureux du théâtre de Paul Claudel seront sans doute offusqués par cette venimeuse boutade. Mais le grand dramaturge ne plaisait pas à tout le monde ! Souvenons-nous de Sacha Guitry, qui, à la première du *Soulier de satin,* s'exclama : « Heureusement qu'il n'y avait pas la paire ! » Marcel Achard, auteur entre autres de la pièce *Patate* en 1957, n'avait pas grand-chose en commun avec son rival, et son humour était aussi légendaire que les grosses lunettes dont il était toujours affublé. En 1959, on le prit pourtant au sérieux : il fut reçu à l'Académie française… treize ans après Claudel !

Bernard Blier

On lui demande :

« Vous avez beaucoup d'ennemis ?
– Oui, comme tous les gens qui n'aiment pas les cons. »

Ç'aurait pu être une réplique d'un film dialogué par Michel Audiard. Mais Bernard Blier, le fameux Raoul des *Tontons flingueurs*, était un spécialiste de l'humour froid. Pince-sans-rire, ce grand comédien savait trouver le mot juste au bon moment, avec, toujours, cet air grincheux qui ne quittait pas son visage tout en rondeur. On se souvient de ses rôles, pour la plupart des personnages de « méchant ». On aurait aimé être invité aux joyeuses agapes de ce grand ami de Gabin, Ventura et Audiard : du vin, des bons petits plats et, bien sûr, d'inénarrables réparties.

Coluche

En évoquant les hommes politiques...

« La moitié des hommes politiques sont des bons à rien. Les autres sont prêts à tout. »

La politique, Coluche s'y est très vite intéressé. Au point même de vouloir se présenter à l'élection présidentielle de 1981. Le comique dut abandonner ses ambitions tant la pression qu'il subissait, venant de droite comme de gauche, devenait insoutenable. En effet, s'il annonce sa candidature au théâtre du Gymnase en 1980, il est très vite crédité de 10 % d'intentions de vote, ce qui inquiète ses concurrents. Il abandonnera sa fantasque campagne mais continuera à se moquer des hommes politiques. « C'est une profession où il est plus utile d'avoir des relations que des remords », ajoutera-t-il.

Antoine Blondin

Au restaurant, alors qu'il passe commande :

« Pour commencer, je prendrai un avocat.

– Et ensuite ?

– Je ne parlerai qu'en présence de mon avocat. »

Figure du Saint-Germain-des-Prés de l'après-guerre, Antoine Blondin passait beaucoup de temps dans les bistrots du quartier, et pas seulement pour manger un avocat ! Sa réputation de buveur invétéré ne doit pas faire oublier son talent d'écrivain, et, pesons nos mots, il était immense. Si *Un singe en hiver*, prix Interallié 1959, est le plus célèbre de ses romans – grâce aussi à son adaptation au cinéma avec Jean-Paul Belmondo et Jean Gabin –, il en a écrit beaucoup d'autres, subtils, émouvants et souvent drôles, toujours avec ce style ciselé, inimitable. Grand amateur de sports, et particulièrement de vélo, il régala les lecteurs de *L'Équipe* avec ses formules, comme celle-ci, à propos d'Eddy Merckx : « Il a poursuivi son petit surhomme de chemin. » Antoine Blondin enchantait ses amis de ses bons mots, quand il ne jouait pas à la corrida dans les rues de Paris, les voitures faisant office de taureaux ! Il meurt à l'âge de 69 ans, laissant son quartier de prédilection éploré. Le lendemain de ses obsèques, à l'église Saint-Germain-des-Prés, le journaliste Jean-Claude Lamy titra, dans le journal *France-Soir* : « Même l'église était bourrée. » Il en aurait bien ri.

Fernandel

À qui on demande s'il a aimé tourner dans la série des *Don Camillo* :

« Si j'ai aimé ? Pensez donc !
J'avais Dieu comme partenaire. »

Cette boutade de Fernandel, issue d'une interview donnée en 1965 à la télévision, est à prendre plus au sérieux qu'on ne le croit : le comédien était un catholique fervent et avait adoré endosser le rôle de don Camillo, ce prêtre en constante rivalité avec Peppone, le maire communiste d'un village italien, interprété par Gino Cervi. Le succès fut tel que *Le Petit Monde de don Camillo*, sorti en 1952 et réalisé par Julien Duvivier, aura cinq suites, toutes relatant les aventures du célèbre curé. « Dans ce film, j'ai vraiment cru parler à Jésus », assurera l'acteur.

Rodin à Picasso

Le jeune Picasso est conseillé par le sculpteur…

« Commencez par signer, que je sache dans quel sens ça se regarde. »

On ne peut être certain que cette répartie, pour le moins cruelle, soit tout à fait exacte. Mais elle est presque trop belle pour ne pas l'espérer. D'un côté Auguste Rodin, le maître de la sculpture moderne, de l'autre le peintre espagnol, né quarante et un ans plus tard. Tous deux sont pour le moins audacieux dans leur manière de créer et ont été jugés, à leur époque, scandaleux. Le sculpteur se serait-il moqué des œuvres du jeune Picasso ? Ils avaient pourtant tant en commun : en brisant les codes, ils ont révolutionné leur discipline quand quelques-uns refusaient encore toute forme de modernité.

Arletty

Arrêtée pour avoir eu une liaison avec un officier allemand durant l'Occupation, elle est reçue par le juge :

« Alors, comment vous sentez-vous, ce matin ?

– Pas très résistante… »

On ne compte plus les bons mots et les réparties de la comédienne. Cette fois, il fallut bien du courage à Arletty pour plaisanter, alors qu'elle est emprisonnée, d'abord à Drancy, puis à Fresnes, à la Libération. Sa faute ? Avoir passionnément aimé un officier allemand, Hans Jürgen Soehring. « Je fis la connaissance d'un jeune homme singulièrement beau et d'une parfaite indifférence, qui devait bouleverser ma vie », racontera-t-elle plus tard. Elle a alors 42 ans et est la plus populaire des actrices françaises. Le jeune homme en question a dix ans de moins qu'elle et leur histoire d'amour durera des années, leur longue correspondance en témoigne. Elle réfutera toute accusation de collaboration. Elle, la plus patriote des artistes, sera finalement libérée deux mois plus tard, mais restera en résidence surveillée en Normandie encore dix-huit mois. Le film *Les Enfants du paradis* sortira sur les écrans en 1945, alors que la comédienne est encore sous la surveillance de la police. On lui prête également une autre réplique, écrite en réalité par le dialoguiste Henri Jeanson, mais qu'elle aurait pu faire sienne : « Mon cœur est français, mais mon cul est international. » Quant à Hans, il fut le dernier grand amour de sa vie.

Boni de Castellane

Le dandy et homme politique, interrogé sur sa femme Anna Gould, très riche et très laide :

« Elle est belle, vue de dot. »

On dit qu'il était irrésistible. Dandy, homme politique, il est né en 1867 et est issu d'une grande famille aristocrate. Anna Gould est laide, petite, dotée d'un faciès simiesque… et la fille d'un milliardaire américain. Sa dot de 15 millions de dollars n'est pas sans la rendre, aux yeux de Boni, parfaitement acceptable ! Il profitera allégrement de sa fortune, non sans lui avoir fait quatre enfants. Hélas, ce couple mal assorti ne durera pas, il y aura trop de relations extraconjugales et de dépenses inconsidérées de la part de Boni : Anna demandera le divorce onze ans après avoir dit oui.

Georges Feydeau

Un jeune comédien confesse au dramaturge :

« J'ai une idée qui me trotte dans la tête.

– Vraiment ?

Et elle ne s'ennuie pas, toute seule ? »

Grand auteur de vaudevilles, Georges Feydeau n'était drôle qu'en écrivant. Dans la vie, le dramaturge, à qui l'on doit *Un fil à la patte*, était un homme triste et mélancolique. On l'apercevait presque tous les soirs au *Maxim's,* où son air désabusé décontenançait ceux qui l'approchaient. Il aimait lancer quelques réparties cruelles, et ce jeune homme fut l'une de ses victimes. Critique de la société de son temps, son théâtre n'a rien perdu de sa modernité. Preuve en est le nombre de ses pièces montées encore aujourd'hui sur les scènes françaises.

Eugène Labiche

Quand on demande au dramaturge ce qu'est un égoïste…

« Quelqu'un qui ne pense pas à moi. »

Autre spécialiste du vaudeville, Eugène Labiche n'a, dans ses pièces, cessé de se moquer de la bourgeoisie du Second Empire, dont il faisait d'ailleurs partie. Du *Chapeau de paille d'Italie* au *Voyage de monsieur Perrichon*, il a fait se tordre de rire les spectateurs venus acclamer son talent. Cette formule a eu le bonheur d'être citée par d'autres, ainsi Henri de Régnier ou Georges Feydeau, qui l'ont « volée » au dramaturge. On lui doit de multiples répliques amusantes, comme celle-ci : « Elle respirait l'honnêteté, seulement, elle avait la respiration très courte. »

Michel Simon à Louis Jouvet

Durant le tournage de *Drôle de drame*, en réplique à une remarque de Louis Jouvet :

« Votre rôle est admirable !

– Je sais : j'ai refusé le vôtre. »

On peut être les plus grands acteurs du monde et se détester cordialement. Les deux comédiens sont pourtant réunis en 1937 pour jouer dans le chef-d'œuvre de Marcel Carné *Drôle de drame*, célèbre également pour la réplique prononcée par Jouvet : « Bizarre, vous avez dit bizarre… » Ces deux fortes personnalités se seraient querellées en 1929, lors des représentations de *Jean de la lune*, qui les avaient réunis au théâtre. Lors de la fameuse scène du repas de *Drôle de drame*, ils décidèrent de se saouler mutuellement pour évaluer leur résistance. L'histoire n'a pas retenu le nom du gagnant.

André Antoine

Le directeur du Théâtre Antoine, couvert de dettes, fait face à un créancier :

« Si vous ne payez pas dans les quarante-huit heures, j'envoie un huissier.
– Envoyez-le. S'il est bien dans son rôle, je l'engagerai. »

Il était comédien, metteur en scène et directeur de théâtre. Cet homme caméléon était on ne peut plus respecté par ses pairs, tout comme par les auteurs dont il mettait en scène les pièces. Cassant tous les codes de l'époque, il crée des spectacles d'une grande modernité, exigeant de ses acteurs un jeu naturel et sans emphase. Sacha Guitry ou Jules Renard étaient les premiers de ses admirateurs. Il dirige le Théâtre des Menus-Plaisirs, qui devient le Théâtre Antoine en 1897, et mettra à l'affiche des œuvres rarement jouées, comme celles d'Henrik Ibsen ou d'August Strindberg. Puis il devient le directeur de l'Odéon en 1906. Mais ses créations coûtent cher et, poursuivi par les créanciers, il préférera démissionner en 1914, laissant derrière lui 400 000 francs de dettes. Son sens de la formule n'a malheureusement pas payé. Pour se renflouer, il passe au septième art et devient réalisateur, tournera sept films, puis sera critique de cinéma et de théâtre. Quant au Théâtre Antoine, sur les grands boulevards parisiens, il est toujours en activité.

Alphonse Allais

Alors qu'on lui demande son âge…

« Oh, ça change tout le temps. »

Et voilà une répartie qu'on ferait bien de voler. À partir d'un certain âge, quelle indélicatesse ! Alphonse Allais a eu bien raison de répondre par cette pirouette ! Rien d'étonnant de la part de cet écrivain qui avait toujours le dernier mot. Personne n'a oublié son humour noir, et son goût de l'absurde est devenu légendaire ! « La statistique a démontré que la mortalité dans l'armée augmente sensiblement en temps de guerre », déclara-t-il. Imparable. Dilettante patenté, anticonformiste notoire, il fut aussi un auteur prolifique et admiré par les plus grands, de Cocteau à Prévert.

Aurélien Scholl

Provoqué en duel par un mauvais écrivain, le journaliste réplique de manière cinglante :

« Je vous laisse le choix des armes.
– Je choisis l'orthographe : vous êtes mort d'avance. »

Il n'en est pas à son premier duel. Aurélien Scholl, écrivain et journaliste, avait l'habitude de ces combats tant il vexa, dans ses articles, des écrivains dénués de talent. Ainsi Paul de Cassagnac, qui le blessa grièvement au cours d'un duel à l'épée. Il faut avouer que Scholl n'y allait pas de main morte et l'éditorialiste, passé par *Le Figaro* et cocréateur en 1884 de *L'Écho de Paris,* était craint par ses pairs. Il était ce qu'on appelait un « boulevardier », un Parisien authentique qui ne pouvait retenir ses bons mots. Quoique très drôles, ils étaient d'une férocité… implacable !

Jean Gabin

Quand on lui demande sa définition d'un bon film :

« Il faut trois choses : premièrement, une bonne histoire, deuxièmement, une bonne histoire, troisièmement, une bonne histoire. Le reste, c'est de la littérature d'empapaouteurs de mouches. »

Il n'y allait jamais par quatre chemins, et c'est ce qui faisait son charme. Jean Gabin, sa gouaille, son physique – d'abord de jeune premier, puis de vieux matou au regard irrité –, fut l'un des acteurs les plus demandés par les réalisateurs. Oui, il avait l'embarras du choix, et c'est sans doute pourquoi il interpréta de si beaux rôles dans tant de chefs-d'œuvre. De *La Grande Illusion* à *La Bête humaine*, en passant par *Le Quai des brumes*, il laisse une empreinte indélébile dans l'histoire du cinéma français. L'acteur n'aimait pas les paillettes et encore moins les interviews, mais il fallait bien se prêter à l'exercice pour promouvoir ses films. Dans cette réponse, il y a tout Gabin : le comédien brut de décoffrage qui refusait n'importe quel film s'il était à message, préférant se tourner vers le cinéma populaire. Le côté Audiard de cette réponse est digne d'un dialogue du *Cave se rebiffe*. Rappelons que ces deux-là étaient des amis intimes : les mots de l'un inspiraient sans aucun doute ceux de l'autre.

Jules Renard, à propos de Stéphane Mallarmé

« Il est intraduisible. Même en français. »

On l'appelait « Mallarmé l'obscur », tant ses lecteurs trouvaient son œuvre hermétique. De nombreux auteurs de son temps le lui reprochèrent. Ainsi Jules Renard, l'auteur de *Poil de Carotte* et d'un *Journal* resté fameux, ne comprenait rien à ses poèmes. Mais il faut dire que Renard avait la dent dure : « J'ai le dégoût très sûr », répétait-il. N'a-t-il pas traité George Sand de « vache bretonne de la littérature » ? Mallarmé, le poète maudit, avait heureusement d'ardents défenseurs, et pas des moindres, tels Paul Verlaine ou Paul Valéry.

Brigitte Bardot

Lors d'une conférence de presse, en réponse à un journaliste qui l'interroge :

« Quel a été le plus beau jour de votre vie ?
– C'était une nuit. »

Une réponse bien poétique de la part de l'actrice française la plus célèbre du monde. Dès *Et Dieu… créa la femme* (1956), un film de son premier mari, Roger Vadim, Brigitte Bardot devient ce mythe, un modèle de liberté : toutes les femmes voulaient lui ressembler. Sa vie privée, intense et mouvementée, choqua, passionna et fit de son quotidien un enfer. Méfiante vis-à-vis de la presse, elle s'amuse à jouer de son image provocante avec cette répartie lancée le 3 juin 1965 au Mexique lors d'une conférence de presse pour la sortie de *Viva Maria !,* de Louis Malle.

Lucien Guitry

Un auteur déclare son admiration au comédien :

« Quand vous dites le texte, monsieur Guitry, vous êtes merveilleux, mais c'est dans les silences que vous êtes particulièrement admirable.
– C'est parce que les silences sont de moi. »

On a un peu oublié Lucien Guitry, au profit de son fils Sacha. Il fut pourtant un monstre sacré du théâtre au début du XXe siècle. Comédien illustre, et peut-être le plus célèbre de son temps, il joua dans quelques pièces de son fils mais se brouilla de longues années avec lui. Tous deux sont amoureux de la même femme, l'actrice Charlotte Lysès, que Sacha finira par épouser. Divorcé, il se réconcilie avec Lucien et lui offre le rôle principal de sa pièce *Pasteur,* puis, en 1919, il lui écrit *Mon père avait raison,* qui fut un triomphe. Lucien Guitry, homme à femmes, qui fut même l'amant de Sarah Bernhardt, avec qui il joua de nombreuses fois, ne se laissait certes pas intimider par les auteurs de théâtre, surtout lorsqu'ils lui semblaient vaniteux ou obséquieux, lui qui, d'après Sacha, l'était si peu ! Comédien prolifique, il joua dans une soixantaine de pièces, de *La Dame aux camélias,* d'Alexandre Dumas fils, à *Chantecler,* d'Edmond Rostand, en passant par *L'École des femmes,* de Molière. Il meurt à Paris en 1925, à l'âge de 64 ans.

Jules Barbey d'Aurevilly

L'écrivain tente de séduire une dame interloquée :

« Monsieur, vous me prenez pour une autre ?
– Non, je vous prends pour moi. »

Il fut l'un des plus grands dandys du XIXe siècle. L'auteur du *Chevalier des Touches* n'y va pas par quatre chemins pour séduire les dames et semble même assez sûr de son fait ! Est-ce une vengeance envers les femmes ? Jeune homme, il plongea dans un grand désespoir quand il tomba amoureux de Louise du Méril, l'épouse de son cousin, et dut la quitter tant leur liaison choqua leur entourage. Son caractère intransigeant lui valut de nombreuses antipathies, même si Léon Bloy le surnomma « le connétable des lettres ». Et s'il est souvent question de femmes dans son œuvre, il ne se maria jamais.

Yves Mirande

Une amie confesse au dramaturge :

« Je cherche un mari.
– Tu ferais mieux de chercher un célibataire. »

On ne pouvait faire meilleur conseil. Et plus drôle ! Yves Mirande, personnalité malheureusement oubliée, fut dramaturge, scénariste, comédien et journaliste. Son humour n'était pas seulement consacré à ses œuvres – il est le coauteur en 1920 d'une pièce à succès, *Le Chasseur de chez Maxim's* –, mais aussi à ses amis. Comme à celui qui semblait être un soiffard : « Tu noies tes chagrins dans l'alcool ? Méfie-toi, ils savent nager. » Il était connu pour être d'abord un bon vivant, amateur de jolies femmes, et un rien paresseux, lui qui disait de lui-même : « Mon sport favori : la sieste. »

Henri Jeanson

Lors d'un cocktail, l'écrivain et journaliste s'adresse à une comédienne :

« Comme le champagne vous rend belle, madame !

– Mais je n'en ai pas bu…

– Mais moi, oui. »

La réplique « Atmosphère ! Atmosphère ! Est-ce que j'ai une gueule d'atmosphère ? », lancée par Arletty dans *Hôtel du Nord*, c'est lui. Journaliste entre autres au *Canard enchaîné*, où ses critiques de cinéma, souvent virulentes, étaient redoutées, puis scénariste, Henri Jeanson travaillera avec les plus grands, de Marcel Carné à Julien Duvivier. Sa réputation d'insolence, voire d'irrévérence, n'était plus à faire et cette répartie, fort cruelle pour cette dame, n'a pas dû surprendre tous ceux qui connaissaient son talent !

Sacha Guitry

À la toute fin de sa vie, interviewé par un journaliste :

« Je sais que votre temps est précieux…
– Non, mon temps est compté. »

Les réparties, les bons mots de Sacha Guitry, sont aussi nombreux que célèbres. Il fut aussi et sans aucun doute le plus populaire des dramaturges et des cinéastes. Ainsi, lorsqu'il quitte définitivement la scène le 24 juillet 1957, plus de 12 000 Parisiens s'amassent devant son hôtel particulier de l'avenue Élisée-Reclus pour lui rendre un dernier hommage. Se sachant mourant, il ne se départit jamais de son humour ravageur, comme quand, sur sa chaise roulante, on lui demanda de ses nouvelles : « Comme sur des roulettes », s'empressa-t-il de répliquer.

Pierre Véron

L'écrivain au restaurant :

« Pour commencer, donnez-moi une faute d'orthographe.
– Mais… nous n'en avons pas.
– Alors pourquoi les mettez-vous sur le menu ? »

Et voilà une répartie dont on ferait bien de se souvenir, mieux encore, elle devrait même être employée sans modération ! Que de cartes de restaurant sont truffées de fautes d'orthographe aussi ahurissantes que contrariantes ! Pierre Véron (1831-1900) fut, en son temps, une personnalité fort célèbre dans le Tout-Paris, tant ses mots d'esprit, parfois féroces, étaient proverbiaux : « L'amitié est un parapluie qui a le défaut de se retourner quand il fait mauvais temps », a-t-il entre autres finement écrit. Rédacteur en chef du bien nommé *Journal amusant*, hebdomadaire abondamment illustré, et directeur de *Charivari*, le premier journal satirique du monde, anticlérical et républicain, il est aussi l'auteur de nombreuses chroniques humoristiques et d'ouvrages désopilants, parfois en collaboration avec Henri Rochefort, grand polémiste devant l'Éternel, qui enchantèrent ses lecteurs. Ce garçon de café, en présentant son menu fautif, ne savait sans doute pas, hélas, à qui il avait affaire !

L'humour et la rapidité d'esprit ne datent pas d'hier. Depuis des siècles, souverains et hommes politiques, intellectuels ou salonnards, aiment l'impertinence. Plus encorc quand elle est féroce !

HISTORIQUES
ET INOUBLIABLES !

Le prince de Conti

Ce prince du XVIIe siècle prévient son épouse :

« Madame, je vous recommande de ne pas me tromper pendant mon absence.
– Monsieur, vous pouvez partir tranquille : je n'ai envie de vous tromper que lorsque je vous vois. »

Louis-Armand de Bourbon, prince de Conti (1661-1685), on l'aura sans doute compris, était fort laid. Bossu et au physique ingrat, il épousa, en 1680, l'une des plus jolies femmes du royaume, Marie-Anne de Bourbon, l'une des enfants naturels de Louis XIV et de Louise de La Vallière. Elle ne se contentait pas d'être belle, elle était dotée d'un esprit brillant, et était poète à ses heures. Son mariage avec le prince ne fut pas des plus heureux. On dit que leur union ne fut jamais consommée, et de leur lit ne naquit aucun enfant. Éconduit par sa femme, le prince de Conti fut la risée de la Cour et préféra échapper aux moqueries en se laissant aller à la débauche. Pourtant, il était très jaloux et ne supportait pas de laisser son épouse seule à la Cour, là où elle menait une existence des plus joyeuses. Mais en 1685, Marie-Anne est soudain atteinte de la petite vérole. Le prince se précipite chez elle et décide de la soigner lui-même. Infecté par la maladie, il mourra quelques jours plus tard. Veuve à 19 ans, elle ne se remaria jamais et survivra cinquante-trois ans à son époux.

Abraham Lincoln

Interpellé par le politicien Stephen Douglas, Abraham Lincoln s'insurge :

« Vous menez une politique à deux visages.
– Si j'avais deux visages, vous croyez vraiment que j'utiliserais celui-ci ? »

Ils ont été deux grands ennemis. D'un côté Lincoln, le républicain abolitionniste, de l'autre Douglas, le démocrate esclavagiste. En 1858, ils convoitaient tous deux le poste de sénateur de l'Illinois et pas moins de sept débats ont été organisés pour les départager. C'est Douglas qui remporta la bataille. Mais deux ans plus tard, Lincoln fut le vainqueur de l'élection présidentielle. Son visage, émacié, semble avoir été un problème pour le président. On dit même que c'est la raison pour laquelle il se fit pousser la barbe à la fin de sa vie.

John Wilkes au comte de Sandwich

Le comte de Sandwich interpelle John Wilkes, son rival politique, qui ne se laisse pas faire :

« Monsieur, je ne sais pas si vous mourrez sur l'échafaud ou de la syphilis.
– Tout dépend, monsieur, si j'embrasse vos principes ou votre maîtresse. »

Magnifique répartie de la part de John Wilkes, maire au XVIIIe siècle de la Cité de Londres, grand ennemi du roi George III et extrêmement populaire en Angleterre. Face à lui, John Montagu, comte de Sandwich, amiral du souverain, autant dire un ennemi naturel. Wilkes fut un grand défenseur de la liberté de la presse et était réputé pour son esprit vif. Cette réponse à Sandwich en est la preuve. Quant au comte, il laissa une empreinte pour les siècles à venir : c'est à lui qu'on doit le nom de l'en-cas bien connu, ainsi que celui des îles de l'océan Austral.

Le roi Louis XVI au marquis de Bièvre

Le roi interpelle le marquis :

« On raconte que vous faites des mots d'esprit sur tout. Faites-en un à mon sujet.
– Sire, le roi n'est pas un sujet. »

Ou comment se tirer d'affaire ! Difficile en effet pour le marquis de Bièvre, célèbre dans tout le royaume pour ses réparties et ses calembours, de prendre comme victime le souverain ! Cet amuseur de salon, devenu par la suite auteur de théâtre, était un homme charmant et de nature modeste. Il disait de lui : « Le goût du calembour n'est point une maladie chez moi, mais une ressource innocente pour repousser l'ennui et rappeler la gaieté. » Une personnalité à la mode, avec qui le roi aimait à discourir. Il s'amusait même à trouver de bons mots pour rivaliser avec le marquis.

Marie Curie

Interrogée par un journaliste :

« Quel effet cela fait-il d'être mariée à un savant célèbre ?
– Demandez à mon mari. »

Marie Curie, née Sklodowska, n'était donc pour certains qu'une épouse, celle du grand physicien Pierre Curie ! Ils en oubliaient sans doute qu'elle était aussi un grand nom de la physique et de la chimie. Le couple reçut d'ailleurs le prix Nobel de physique en 1903. Mais ce n'est pas tout, huit ans plus tard, après la mort de son mari, elle reçut, seule, celui de chimie. Ses travaux sur le radium et le polonium ont changé le monde, elle fut beaucoup récompensée, mais la misogynie régnait alors en maître. Marie Curie demeure, aujourd'hui encore, le symbole du combat pour l'égalité hommes-femmes.

Aimée de Coigny à Napoléon

Devant toute une assemblée, Napoléon tente de brocarder la salonnière…

« Aimez-vous toujours les hommes ?

– Oui, sire, quand ils sont polis. »

Aimée de Coigny était libre, spirituelle, ravissante et, c'est vrai, avait beaucoup d'amants. Elle détestait l'Empereur, contre lequel elle conspira, rêvant de voir revenir sur le trône les Bourbons, et ne se laissait intimider par personne. Quand Napoléon lui demande devant toute une assemblée si elle aime les hommes, il met bien entendu en doute son honorabilité. Sa réponse, fulgurante, a dû laisser le souverain sans voix ! Mariée à l'âge de 16 ans avec le futur duc de Fleury, un pauvre bougre sans éclat, Aimée préférera se divertir à la Cour, mais sera emprisonnée lors de la Révolution. Elle rencontre André Chénier, compagnon de cellule, qui écrira pour elle le fameux poème *La Jeune Captive*. Dès sa libération, elle devient une illustre salonnière et prend pour amants des personnalités comme Garat ou Talleyrand. C'est grâce à son journal, truffé d'anecdotes et d'observations sur les mœurs du XVIIIe siècle, que son nom est demeuré dans les mémoires. Grâce aussi à cette répartie impertinente, mais de bonne guerre, restée célèbre et parvenue jusqu'à nous.

Gandhi

En réponse à un journaliste :

« Que pensez-vous de la civilisation occidentale ?

– Je pense que ce serait une bonne idée. »

L'Inde doit au Mahatma Gandhi, icône, modèle pour bien des générations, l'indépendance du pays en 1947. Sa vie durant, il prêche la non-violence et lutte contre la pensée occidentale qui, pense-t-il, fait courir les hommes à leur perte. Mais ce « sauveur » ne manquait pas non plus d'humour, comme cette répartie nous le rappelle. Ainsi, invité à rencontrer le roi George V en 1931, on lui reprocha d'être à moitié nu, seulement vêtu de son dhoti. Il fit taire les critiques avec ces mots : « Le roi portait assez de vêtements pour nous deux. »

Le chevalier de Boufflers à sa femme

Se vantant un peu trop de ses écarts...

« J'en aurai fait des cocus, dans Paris...
– Tu me bats, moi je n'en ai fait qu'un seul. »

On dit du chevalier qu'il laissa à sa mort 57 enfants (non reconnus !). C'est dire comme l'homme était amateur de femmes ! Muté au Sénégal, il en devint le gouverneur et y mena une vie fastueuse. En 1797, il se résout à se marier et demande la main de celle qui est sa maîtresse depuis plus de quinze ans, Éléonore de Sabran. Cette dernière est dotée d'une vive intelligence. La correspondance qu'entretiennent les deux époux le prouve sans aucun doute. Tout comme cette répartie, drôlissime et redoutable, belle illustration de l'expression « l'arroseur arrosé ».

Le roi Charles II à son frère, Jacques Stuart

Le roi, se promenant sans escorte, est mis en garde par son frère :

« Malheureux, tu risques de te faire assassiner !
– Rassure-toi, personne ne souhaite me faire disparaître, car tout le monde sait que tu seras alors mon successeur. »

Il a beau avoir le même prénom que Charles III, l'actuel roi d'Angleterre, ce Charles-là est le deuxième et fut couronné en 1661. Il est le fils de Charles Ier et de Henriette-Marie de France, fille d'Henri IV. N'ayant pas d'héritier légitime, c'était en effet son frère, Jacques, duc d'York, qui était destiné à lui succéder. Or ce dernier est catholique et très impopulaire auprès du peuple, majoritairement anglican. Charles II ne fut pas assassiné, mais mourut d'une crise d'apoplexie, et Jacques monta bel et bien sur le trône en 1685. Il y resta moins de quatre ans, avant d'être forcé à abdiquer.

Le pape Jean XXIII

L'élu du Vatican, amateur de bons mots…

« Combien de personnes travaillent-elles, au Vatican ?
– Environ la moitié. »

On a loué la modestie et la jovialité du pape Jean XXIII, et ses traits d'humour sont nombreux. Ainsi, invité par le grand rabbin de Paris, qui lui cède le passage lors d'un dîner, il dit : « Je vous en prie, l'Ancien Testament d'abord. » Ou encore, cette répartie : « Tout le monde peut être pape. La preuve, c'est que je le suis. » Élu en 1958, il fut un souverain pontife très populaire, surnommé « le bon pape Jean ». Il fut surtout celui qui convoqua le concile Vatican II, visant à moderniser l'Église. Quant au personnel du Saint-Siège, ils sont aujourd'hui plus de 4 800 à y travailler. Sont-ils plus efficaces ?

Le planton de l'Élysée, à la mort de Félix Faure

À la mort de Félix Faure lors de ses ébats avec sa maîtresse, le prêtre interroge le planton de l'Élysée :

« Le président a-t-il encore sa connaissance ?

– Non, elle est sortie par l'escalier de service. »

Félix Faure, sixième président de la IIIe République, à la suite de Jean Casimir-Perier, n'est sans doute pas célèbre pour les bonnes raisons. Surnommé le « Président-Soleil » tant il aimait le faste, il appréciait également être en bonne compagnie. Le 16 février 1899, la jeune Marguerite Steinheil a rendez-vous à l'Élysée avec son illustre amant. Hélas, leurs ébats furent de courte durée puisque Faure succomba très vite à une congestion cérébrale. La France entière se sera beaucoup gaussée de cette mort subite. Clemenceau, par exemple, ne s'en priva pas, en déclarant : « Il voulut être César, il ne fut que Pompée. » Pourtant, Félix Faure ne fut pas seulement la caricature qu'on a bien voulu faire de lui. C'est lui, par exemple, qui œuvra au rapprochement de la France avec la Russie, lui encore à qui est destinée la fameuse lettre d'Émile Zola, « J'accuse… ! », à propos de l'affaire Dreyfus. D'abord antidreyfusard convaincu, il changera peu à peu d'avis sur le sujet. Émile Loubet succédera à Félix Faure, mais ce dernier demeurera encore longtemps celui dont la connaissance a dû se hâter de s'enfuir après ce trépas au parfum de scandale.

Le contrôleur des finances de Louis XV

Louis XV demande à son contrôleur général des finances ce qu'il pense des fêtes organisées pour le mariage du dauphin :

« Comment trouvez-vous mes fêtes ?

– Impayables. »

Louis XV voulait un mariage fastueux pour son petit-fils, futur roi, qui épousait Marie-Antoinette d'Autriche, fille de l'empereur François 1er du Saint-Empire. Hélas, l'abbé Joseph Marie Terray, contrôleur général des finances, ne put régler la facture : de nombreux entrepreneurs continuèrent vingt ans plus tard à réclamer leur dû au roi Louis XVI. La plupart ne seront jamais payés et seront ruinés. Quant au mariage, célébré le 16 mai 1770, il se finit en drame : le feu d'artifice tiré place Louis-XV (aujourd'hui place de la Concorde) en l'honneur des jeunes époux, le 30 mai, causa la mort de 132 personnes.

Talleyrand

En parlant de Chateaubriand…

« Quand il n'entend plus parler de lui, il croit qu'il devient sourd. »

Avec cette petite phrase empoisonnée, Talleyrand signifie (une fois encore) son mépris pour Chateaubriand. Ce dernier n'est pas en reste, et aimait à dire : « Quand monsieur de Talleyrand ne conspire pas, il trafique. » Si l'écrivain hait tant le « diable boiteux », c'est qu'il l'accuse de trahison envers la France, de s'enrichir et de mener une vie de débauche. C'est aussi parce qu'il échouera en politique quand Talleyrand y fit une grande carrière. Mais pour y parvenir, il lui fallut être déloyal envers Napoléon, qui lui lancera : « Vous n'êtes que de la merde dans un bas de soie. »

Louis XVIII

Un certain Quatremer, notable parisien, sollicite Louis XVIII dans le but d'obtenir une particule à son nom...

« Vous pouvez en mettre une à la fin de votre nom, si cela vous fait plaisir. »

Le roi de France, successeur de Napoléon 1er, ne manquait pas d'humour, et il était parfois féroce. Il dira, en parlant de son frère Louis XVI : « Pour vous faire une idée de son caractère, imaginez des boules d'ivoire huilées que vous vous efforceriez vainement de faire tenir ensemble. » On imagine son agacement quand des notables tentaient de percevoir grâce à lui une particule. L'histoire ne dit pas si M. de Quatremer, illustre inconnu, est parvenu à ses fins. Le monarque, en tous cas, lui aura donné une petite idée de ce qu'il en pensait.

Mata Hari

Face au peloton d'exécution composé de douze soldats…

« C'est la première fois qu'on m'aura pour douze balles. »

D'origine néerlandaise, Margaretha Zelle fut une danseuse exotique qui remporta un immense succès dans le Paris du début du XXe siècle, sous le nom de Mata Hari, « œil du jour » en malais. Courtisane, on ne compte plus le nombre de ses amants. Mais elle fut surtout accusée d'espionnage, même si, aujourd'hui encore, un doute plane sur son implication. Le 15 octobre 1917, elle est face au peloton d'exécution. Refusant d'être attachée, la tête haute, elle meurt sous les balles devant un militaire sergent médusé qui s'écriera : « Mon Dieu ! Cette femme-là sait mourir. »

Henri Rochefort

Le journaliste est interrogé par un juge lors d'un procès :

« Soutenez-vous que vous n'avez pas prémédité votre acte alors que vous aviez un pistolet chargé sur vous ?
– En ce moment, j'ai sur moi de quoi commettre un attentat à la pudeur, et je vous assure que l'idée ne m'effleure même pas. »

De son vrai nom Victor Henri de Rochefort-Luçay, celui qui se faisait appeler Henri Rochefort fut un polémiste infatigable, radical, anticlérical, socialiste et antidreyfusard, ainsi qu'un adversaire acharné de Napoléon III. Avec ses prises de position extrémistes, il fut arrêté un nombre incalculable de fois pour ses écrits dans les journaux auxquels il collaborait, dont *La Lanterne,* qu'il avait lui-même fondé. Il fit un séjour au bagne de Nouméa, dont il réussit à s'échapper, du jamais-vu ! Il dut même s'exiler en Angleterre. On le surnommait « l'homme aux vingt duels et trente procès » ! Mais l'impertinent était aussi le roi de la formule. Ainsi, par exemple : « En abolissant la peine de mort, Louis XVI avait un moyen si facile de ne pas monter sur l'échafaud. » Lors d'un de ses nombreux procès, il est fouillé, et on retrouve sur lui un pistolet dont il ne fit, d'ailleurs, pas usage ! Mais cette répartie, ce coup d'éclat, qui laissa le juge du tribunal pantois, est restée aussi célèbre que ses frasques.

La politique rend impitoyable.
L'ambition aussi.
Mais on peut être brutal et drôle.
C'est en tout cas une façon comme une autre
de gagner en popularité.
Nos dirigeants l'ont bien compris.

EN POLITIQUE, C'EST PRESQUE UN DEVOIR...

François Mitterrand à Jacques Chirac

Pendant le débat d'entre-deux-tours de 1988, Jacques Chirac interpelle François Mitterrand :

« Permettez-moi juste de vous dire que, ce soir, je ne suis pas le Premier ministre et vous n'êtes pas le président de la République. Nous sommes deux candidats, à égalité, et qui se soumettent au jugement des Français, le seul qui compte. Vous me permettrez donc de vous appeler monsieur Mitterrand. »

– Mais vous avez tout à fait raison, monsieur le Premier ministre. »

Le maire de Paris pensait prendre une longueur d'avance avec cette réplique puissante. Hélas, c'était mal connaître François Mitterrand, qui ne s'en laissait pas conter. Jacques Chirac essuie ce 28 avril 1988 un camouflet dont il se souviendra longtemps. Les deux candidats se connaissent pourtant bien. Pendant deux ans, l'un fut le Premier ministre de l'autre, ce qui fut la première cohabitation. L'atmosphère entre le chef de l'État et Jacques Chirac, ennemis historiques en politique, a toujours été tendue, et cette mésentente n'a jamais été aussi visible que lors de ce débat télévisé pour la présidentielle, arbitré par les journalistes Michèle Cotta et Elie Vannier. À l'issue de ce combat, la messe est dite : François Mitterrand a été le plus fort. Il remportera d'ailleurs l'élection dix jours plus tard avec un beau score : 54,02 % des voix contre 45,98 %. Et sera à la tête de la France pour sept années supplémentaires. Il est d'ailleurs le seul président à avoir effectué deux septennats d'affilée durant la Ve République. Jacques Chirac tiendra sa revanche en 1995, lorsqu'il sera à son tour élu à la tête de la France, face à Lionel Jospin, avec 52,64 % des voix.

David LLoyd George

Une féministe s'adresse au Premier ministre britannique :

« Si j'étais votre femme, je mettrais du poison dans votre thé.
– Si j'étais votre mari, je le boirais. »

En 1903, Emmeline Pankhurst fonde une association féministe. Elle veut obtenir le droit de vote des femmes et leur rôle actif dans la société britannique. Les suffragettes sont nées, et leurs actions, parfois violentes, ne sont pas du goût de l'homme d'État David Lloyd George, comme cette répartie le confirme ! On a souvent attribué cette réplique à Winston Churchill, mais c'est bien Lloyd George, devenu Premier ministre, qui la prononça. En 1918, les suffragettes ont gagné leur pari : elles voteront pour la première fois, même si elles doivent être âgées d'au moins 30 ans pour se rendre aux urnes.

Le général de Gaulle

André Malraux et le général de Gaulle sont réunis aux urinoirs de la Comédie-Française, pendant l'entracte :

« Belle pièce, mon général.
– Regardez devant vous, Malraux. »

On ne compte plus les plaisanteries auxquelles aimait se livrer le général de Gaulle. Dans le privé, mais aussi au cours des conférences de presse, où il ne s'en privait pas. On se souvient de son célèbre : « Comment voulez-vous gouverner un pays où il existe 258 variétés de fromage ? » Son emblématique ministre de la Culture de 1959 à 1969, André Malraux, est, lui, moins connu pour sa drôlerie. Mais malgré leurs dissemblances, les deux hommes s'admiraient mutuellement et étaient unis par leur goût de la littérature. Et, si on en croit cette répartie, du théâtre !

Edgar Faure

Une jolie femme, à Edgar Faure :

« Cher président, pourquoi me dévisagez-vous ainsi ?
– Madame, je ne vous dévisage pas, je vous envisage. »

Plusieurs fois ministre, pendant la IVe et la Ve République, président du Conseil, président de l'Assemblée nationale en 1973, Edgar Faure a beaucoup travaillé, sans jamais se départir de son humour. Et il était célèbre. Ses réparties distillaient un peu de bonne humeur sous les ors de la République et ses discours, souvent amusants, étaient attendus de pied ferme. « Quand j'étais ministre, quelques femmes m'ont résisté ; une fois président du Conseil, plus une seule », plaisantait-il. Mais son épouse, Lucie Faure, surnommée Lucifer, veillait au grain…

Jean Giraudoux

À qui on annonce que le maréchal Foch s'est éteint :

« Ce n'était pourtant pas une lumière… »

Le 20 mars 1929, le maréchal Foch, héros de la Première Guerre mondiale, meurt à l'âge de 77 ans. Ce qui ne semble pas beaucoup affecter Jean Giraudoux, diplomate et grand dramaturge, auteur entre autres de *La Guerre de Troie n'aura pas lieu*. Cette pièce est un plaidoyer virulent contre les guerres, par un homme qui a été blessé en 1914 et qui, depuis, prône la paix. Le maréchal Foch est, lui, l'incarnation de la tradition militaire, mais a commis quelques graves erreurs, notamment pendant la bataille sanglante de la Somme. Giraudoux pense-t-il à ce massacre quand il prononce cette féroce répartie ?

Hillary Clinton à son mari Bill

Bill Clinton rappelle à Hillary qu'avant de le connaître, elle avait vécu une idylle avec un pompiste :

« Dire que si tu l'avais épousé, tu ne serais pas la femme du président, mais celle d'un pompiste…
– Si je l'avais épousé, c'est lui qui serait devenu président, pas toi. »

On ne sait pas si cette répartie est véridique, mais elle résume assez bien la relation entre Hillary et Bill Clinton. Ce dernier est élu, le 3 novembre 1992, 42e président des États-Unis, puis a été réélu en 1996. Huit ans de règne et de scandales, on se souvient de la triste affaire Monica Lewinsky. Avocate coriace, Hillary est un soutien indéfectible pour son mari : son organisation sans faille, sa présence constante pendant la première puis la deuxième campagne, a sans aucun doute pesé dans ces élections. Le président déclara même : « Ma femme a plus de talent que moi. » Loin d'être un faire-valoir, elle installera son Q.G. juste à côté du bureau ovale à la Maison-Blanche, on parlera alors de « coprésidence ». Élue sénatrice de l'État de New York en 2000, elle se lance inévitablement dans la course à la présidence du pays en 2007, mais les démocrates lui préfèrent un autre candidat, Barack Obama. Puis elle se présentera à l'élection présidentielle de 2016, mais sera battue de peu par Donald Trump. Détestée par beaucoup, adulée par d'autres, conseillère indispensable, ambitieuse pour deux, qui sait ce que serait devenu Bill Clinton sans cette First Lady pas comme les autres. Pompiste, peut-être ?

Gisèle Halimi

En 1959, l'avocate est reçue par le général de Gaulle. Le président la salue :

« Bonjour, madame. Madame ou mademoiselle ?

– Appelez-moi maître. »

Grande avocate, combattante acharnée du droit à l'IVG, Gisèle Halimi ne se laissait pas faire, même par le plus illustre des Français. Le 12 mai 1959, le général de Gaulle la reçoit à l'Élysée après le procès d'El Halia en Algérie. Elle défend les insurgés qui ont assassiné plusieurs dizaines d'Européens, et qui seront condamnés à mort. Elle vient demander la grâce présidentielle pour ses clients. Furieuse qu'on la renvoie seulement à son sexe, elle aura cette belle répartie. De Gaulle comprendra ce mouvement d'humeur qui ne portera pas à conséquence : deux jours plus tard, les accusés seront graciés…

Lady Astor

En réponse à Winston Churchill, qui se demande quelle tenue choisir pour un bal costumé…

« Allez-y sobre. Personne ne vous reconnaîtra. »

Rivaux devant l'Éternel, Winston Churchill ne se privait pas de lancer des piques blessantes à la pauvre Nancy Astor. Connaissant le goût de son rival pour la boisson, Lady Astor ne manqua pas cette fois de répartie. Celle-ci n'était pas n'importe qui : elle fut, en 1919, la première femme à siéger au Parlement britannique. Même si, comme Winston Churchill, elle est membre du Parti conservateur, leurs idées sont presque toujours opposées : elle croit en un apaisement entre son pays et Hitler, Churchill, lui, craint la montée du nazisme. L'Histoire les départagera.

Marie-France Garaud

Désavouée par Chirac, elle déclare :

« Je croyais que Chirac était du marbre dont on fait les statues. En réalité, il est de la faïence dont on fait les bidets. »

Marie-France Garaud, légendaire conseillère d'abord de Georges Pompidou, puis de Jacques Chirac, était aussi venimeuse que rancunière. Tout avait pourtant bien commencé avec le fringant Chirac, à qui elle prévoyait un grand avenir. Mais en 1979, le futur président désavoue sa « femme de l'ombre », l'accusant d'être responsable de la défaite du RPR aux élections européennes. Sa réponse ne se fait pas attendre. Deux ans plus tard, elle se présente à l'élection présidentielle face au même Chirac et dira de lui : « Il ment tellement qu'on ne peut même pas croire le contraire de ce qu'il dit. »

Margaret Thatcher

Faisant face aux réflexions sexistes…

« Si vous voulez que quelque chose soit dit, demandez à un homme. Si vous voulez que quelque chose soit fait, demandez à une femme. »

C'était une époque où la misogynie en politique était incontestable. Pourtant, le 4 mai 1979, coup de tonnerre : Margaret Thatcher devient Première ministre du Royaume-Uni après avoir été la première femme à la tête du Parti conservateur. Les réflexions sexistes, elle en entendait tous les jours, et c'est peut-être pourquoi elle se voulait plus tenace que la plupart de ses prédécesseurs. La « Dame de fer » fut admirée dans son pays, détestée aussi, en partie pour son caractère inflexible et ses réformes radicales. Pourtant, elle demeurera à son poste pendant onze ans.

Jacques Chirac à Michel Field

Lors d'une émission télévisée, le maire de Paris provoque le présentateur :

« Réfléchissez deux minutes. Ce n'est pas excessif.
– Deux minutes, c'est à peu près le temps qu'il m'a fallu pour lire votre livre.
– Je sais bien : dans celui que je vous ai envoyé, je n'ai pas mis les images à colorier, je suis désolé. »

Jacques Chirac est, en ce début d'année 1995, en pleine campagne présidentielle. Mais Édouard Balladur, son « ami de trente ans », se présente sans prévenir. Les deux hommes deviennent rivaux et c'est Balladur qui monte dans les sondages, tandis que Jacques Chirac est déjà déclaré perdant. Ce 21 janvier, ce dernier vient de publier son livre *La France pour tous* et le journaliste de Canal+ l'interroge. L'ambiance est détendue, le maire de Paris n'a rien à perdre. Michel Field ose lancer quelques pics à l'homme dont il dira plus tard : « Avec l'énergie qu'il avait, être au fond du trou lui a donné une forme de liberté de ton. » Et puis pour ce qui était de l'humour, Chirac n'en manquait pas, comme ce jour où il se fait interpeller dans la rue : « Connard », lui lance l'impertinent. « Enchanté, Jacques Chirac », répond-il. L'émission « L'Hebdo » renvoie de lui une autre image : plus décontracté, plus proche des Français. C'est en tout cas lui qui sera au second tour de la présidentielle, avec 20,84 % des voix, devant un Balladur qui devra se contenter de 18,58 %. Jacques Chirac sera élu chef de l'État, face à Lionel Jospin, le 7 mai 1995.

La reine Elizabeth à Ronald Reagan

En déplacement aux États-Unis et sous une pluie battante, la reine commente le climat local :

« Je savais que nous avions exporté beaucoup de choses aux États-Unis, mais je ne savais pas que la météo en faisait partie. »

Elle ne s'attendait sans doute pas à ça. Le 26 février 1983, la reine part pour la Californie en visite officielle, afin de rencontrer le président des États-Unis, Ronald Reagan. Mais des pluies torrentielles s'abattent sur Santa Barbara : impossible de rejoindre le chef de l'État à bord du Britannia, son célèbre yacht, pour se rendre chez lui, dans son ranch des monts Santa Ynez. Leurs projets de balades équestres tombent à l'eau. Ce qui n'a pas empêché la souveraine et le président, qui s'entendaient à merveille, de rire ensemble de cette déconvenue !

Édouard Philippe à Yann Barthès

Quand le journaliste lui demande si son changement d'apparence pourrait avoir des répercussions sur sa vie politique, l'ancien Premier ministre ironise :

« Si vous pensez qu'il faut être un playboy, en France, pour être élu, j'ai quand même quelques contre-exemples. »

Le 27 mars 2023, Édouard Philippe, ancien Premier ministre et maire du Havre, est l'invité de l'émission « Quotidien ». Son physique n'est plus le même, il est atteint de vitiligo et d'alopécie, qui a provoqué la chute de ses cheveux, de sa barbe et de ses sourcils. Il le sait, l'apparence compte en politique : « Si les Français se disent qu'il faut impérativement que les candidats aux élections aient de longs cheveux, je n'ai aucune chance », dira-t-il aussi. L'humour est la meilleure arme pour faire taire les fâcheux et, le moins qu'on puisse dire, c'est qu'il sait s'en servir.

Xavier Emmanuelli, à propos de Bernard Kouchner

« Un tiers-mondiste, deux tiers mondain. »

Figure emblématique de ce qu'on a appelé les « french doctors », Bernard Kouchner se rend au Biafra en 1968 et interpelle les autorités sur la famine qui y règne. Il cofonde alors Médecins sans frontières, puis Médecins du monde, mais se fait railler par certains politiques qui voient en lui davantage un excellent communicant qu'un défenseur des droits de l'homme. Xavier Emmanuelli est le cofondateur du Samu social et deviendra secrétaire d'État dans le gouvernement d'Alain Juppé. Avec cette répartie, sans doute injuste, mais très drôle, il enfonce le clou !

Jacques Chirac, à propos de Nicolas Sarkozy

« Celui-là, il faut lui marcher dessus. D'abord, il ne comprend que ça, et en plus, il paraît que ça porte bonheur. »

Rarement Jacques Chirac fut autant en colère : son protégé, Nicolas Sarkozy, celui à qui il a mis le pied à l'étrier et même ouvert la porte de son intimité, rejoint Édouard Balladur lors de la campagne présidentielle de 1995. Il ne lui pardonnera pas. Des années plus tard, en 2009, alors qu'il est lui-même chef de l'État, Sarkozy ira jusqu'à traiter son ancien mentor de « roi fainéant ». C'en est trop pour Jacques Chirac. Furieux, il aura alors cette réponse étonnamment cinglante et méprisante pour celui qui l'a trahi.

Valéry Giscard d'Estaing à François Mitterrand

Au cours du débat d'entre-deux-tours de 1974, le ministre tient tête à son adversaire :

« … c'est aussi une affaire de cœur…
– Vous n'avez pas, monsieur Mitterrand, le monopole du cœur ! Vous ne l'avez pas. J'ai un cœur comme le vôtre qui bat à sa cadence et qui est le mien. »

C'est une première qui nous vient tout droit des États-Unis. En ce 10 mai 1974, un débat télévisé d'entre-deux-tours est organisé entre les candidats Valéry Giscard d'Estaing et François Mitterrand. Les deux hommes se connaissent bien et la tension est à son comble. D'un côté le ministre de l'Économie et des Finances, de l'autre le premier secrétaire du Parti socialiste, qui se présente pour la deuxième fois à la présidentielle. Les journalistes Jacqueline Baudrier et Alain Duhamel veillent au respect du temps de parole, 25 millions de téléspectateurs sont devant leur poste et constatent l'ascendant du plus jeune sur le plus âgé. Plus à l'aise, mieux préparé, il marque des points – et les esprits – avec cette repartie qui restera dans les mémoires et décontenancera son adversaire. Sa prestation lui vaudra d'être élu, d'une courte tête, avec 50,81 % des voix le 19 mai. Il devient ainsi, à 48 ans, le plus jeune président de la Ve République. Sept ans plus tard, François Mitterrand aura retenu la leçon : il sera fort bon lors d'un nouveau débat avec le même Giscard d'Estaing et tiendra sa revanche : c'est lui qui sera élu, le 10 mai 1981, avec 51,76 % des voix.

Patrick Devedjian

Quand on lui demande ce qu'il pense de la dissolution voulue par Chirac en 1997 :

« On était dans un appartement avec une fuite de gaz. Chirac a craqué une allumette pour y voir plus clair. »

On n'avait rarement vu ça sous la Ve République : le 21 avril 1997, un président dissout l'Assemblée nationale, anticipant un échec aux élections prévues l'année suivante. Jacques Chirac, conseillé par Dominique de Villepin, alors secrétaire général de l'Élysée, a sans doute fait ici la plus grosse erreur de sa carrière. Le résultat des nouvelles élections est catastrophique pour le RPR, et Jacques Chirac doit nommer le 2 juin un Premier ministre de gauche : Lionel Jospin. Patrick Devedjian, membre du RPR, aura ce mot d'esprit qui résume parfaitement ce que pensaient les alliés du président de cette décision.

Mikhaïl Gorbatchev

Un journaliste l'interroge :

« Est-il vrai que Boris Eltsine n'est lucide que deux heures par jour ?
– Oui. Mais pas tous les jours. »

Président de la fédération de Russie de 1991 à 1999, Boris Eltsine succède à Mikhaïl Gorbatchev, et les deux hommes s'entendent bien. Hélas, le « règne » d'Eltsine est entaché de nombreux scandales et son alcoolisme, connu de tous, n'arrange rien. Son goût prononcé pour la vodka le rendra plutôt populaire auprès de ses compatriotes, mais on se souvient avec un peu de gêne d'Eltsine, venu à Washington pour une rencontre avec Bill Clinton, aperçu en caleçon dans la rue pour commander une pizza ! Ses excès n'étaient pas du goût de Gorbatchev, qui, comme on peut le constater, l'a fait savoir !

Dominique Strauss-Kahn à Nicolas Sarkozy

DSK corrige le futur président, car il mentionne un rapport de l'INSEE contesté…

« Pardon, on n'est pas à l'université… monsieur le professeur !

– Si vous étiez mon élève, vous n'auriez pas fait cette erreur. »

Entre eux, ça n'a pas toujours été la guerre. En effet, les deux hommes furent un temps amis. Mais ce 18 mars 2002, à la veille de l'élection présidentielle, lors d'un débat sur le plateau de l'émission de France 2 « Mots croisés », le ton n'est plus le même. Ils sont depuis longtemps rivaux, et cette émission ne va pas arranger leurs relations. Nicolas Sarkozy, député des Hauts-de-Seine, et Dominique Strauss-Kahn, député du Val-d'Oise, doivent défendre leur candidat respectif : Jacques Chirac et Lionel Jospin. Sarkozy veut démontrer qu'un allègement des charges sociales créerait de l'emploi et s'appuie sur un rapport de l'INSEE pour appuyer ses dires. Dominique Strauss-Kahn lui rappelle que ce rapport est contesté par tous les économistes. S'ensuit ce dialogue pour le moins tendu : Nicolas Sarkozy est humilié et Dominique Strauss-Kahn goguenard. Mais le premier ne sera pas rancunier et, en 2007, encouragera la nomination du second à la tête du FMI. On le sait, il devra démissionner en mai 2011 après avoir été accusé d'agression sexuelle dans un hôtel new-yorkais.

Un chef peau-rouge à Ronald Reagan

« Méfiez-vous des immigrés, monsieur le président, ne faites pas comme nous. »

Magnifique réplique de ce chef peau-rouge au premier des Américains, ceux-là mêmes qui, comme on le sait, ont colonisé le peuple amérindien depuis le XVe siècle. Pourtant, le président républicain promulgua en 1986 une réforme de la politique d'immigration et accorda l'amnistie à près de trois millions d'immigrés clandestins. Pour lui, l'Amérique doit perpétuer la tradition et accueillir toute personne fuyant l'oppression de son pays. On est loin des idées d'un certain Donald Trump, républicain lui aussi, dont les opinions sont à l'opposé de celles de Ronald Reagan !

Frédéric Mitterrand

Quand il était ministre de la Culture…

« Quand on m'appelle "monsieur le Ministre", j'ai toujours l'impression que Jack Lang va surgir derrière moi. »

C'est vrai, Jack Lang est omniprésent et, avec André Malraux, il fut le plus populaire des ministres de la Culture. Nommé sous la présidence de François Mitterrand en 1981, on lui doit, entre autres, le prix unique du livre ou la Fête de la musique. Amoureux de culture, il était difficile pour ses successeurs de faire oublier celui qui fut à ce poste pendant dix ans. Frédéric Mitterrand, écrivain, journaliste et réalisateur, un électron libre au ministère de la Culture, savait de quoi il parlait ! Pourtant, les deux hommes furent très proches jusqu'à la mort de Frédéric Mitterrand en 2024.

Bernard Tapie

Quand on lui reproche d'être un menteur :

« J'ai menti, mais c'était de bonne foi. »

Même si Bernard Tapie fut une personnalité française très populaire, il fut impliqué dans de nombreuses affaires, dont celle dite OM-Valenciennes en 1993. Il est soupçonné d'avoir demandé à des joueurs de Valenciennes, moyennant finances, de « lever le pied » face à ses joueurs de l'OM, afin de ne pas les fatiguer. Ces derniers devaient être en forme pour un prochain match contre l'AC Milan. Cette réplique a été prononcée lors de son procès en mars 1995, où il sera condamné à deux ans de prison dont un an ferme, trois ans d'inéligibilité et 20 000 francs d'amende. Il passera six mois en prison.

Georges Clemenceau

Un préfet, apprenant qu'il va être révoqué, court chez le ministre pour se défendre :

« Que me reproche-t-on ? D'être une fripouille ou un imbécile ?
– On vous reproche de cumuler. »

La réputation de Georges Clemenceau n'est plus à faire : ministre de l'Intérieur, ministre de la Guerre puis président du Conseil, c'était un homme ô combien respecté. Mais il avait aussi un humour ravageur, et parfois même féroce. C'est en 1908 que ce préfet du Midi vient se plaindre auprès du grand homme. Il n'aurait pas dû ! « Les cimetières sont pleins de gens irremplaçables qui tous ont été remplacés » est une autre des citations célèbres du « Tigre », comme on l'appelait, et qui convient aussi à ce pauvre bougre qu'on vit repartir chez lui sans plus de fonction !

Georges Pompidou

À un journaliste l'interrogeant :

« Pourquoi apprenez-vous vos discours par cœur au lieu de les lire ?
– Comment pourrais-je espérer que mes auditeurs se rappelleront ce que j'ai dit si, moi-même, je ne suis pas capable de m'en souvenir ? »

Tout comme le général de Gaulle, son prédécesseur, Georges Pompidou, qui a été élu à la présidence de la République en 1969, ne lisait jamais ses discours. Il les apprenait en effet par cœur, pour une très bonne raison, si l'on en croit ses propos. Ce fils d'enseignants savait aussi qu'en regardant droit dans les yeux les Français et les journalistes présents aux conférences, il saurait davantage capter leur intérêt. À l'époque, pas de prompteur, le président avait-il d'autres choix ? Normalien, agrégé de lettres, il fut en tout cas l'un de ceux dont les discours étaient le plus érudits. On se souvient notamment de cette phrase d'Éluard, qu'il prononça à la surprise générale quand on l'interrogea sur l'affaire Gabrielle Russier, cette professeur qui se suicida après avoir été accusée d'être tombée amoureuse d'un de ses élèves : « Comprenne qui voudra, moi, mon remords, ce fut la victime raisonnable au regard d'enfant perdue, celle qui ressemble aux morts qui sont morts pour être aimés. » Cette fois encore, il n'eut pas besoin de notes…

André Santini

À propos des préservatifs :

« La preuve que le pape n'y connaît rien, il l'a mis à l'index. »

Il est l'un des hommes politiques les plus spirituels, et a sans doute égayé les séances du conseil municipal d'Issy-les-Moulineaux, en tant que maire de la ville. En 1988, André Santini entend Mgr Decourtray, à l'époque archevêque de Lyon, lancer à la télévision : « Si l'on croit que le préservatif est le remède *[contre le sida],* c'est bien triste. » Il n'en fallait pas plus pour qu'il s'indigne, avec humour, évidemment. On ne compte plus ses saillies contre le monde politique. Il écrivit même un livre intitulé *Ces imbéciles qui nous gouvernent* !

Fabien Roussel

À propos de la hausse des carburants :

« La station essence est le seul endroit en France où celui qui tient le pistolet est aussi celui qui se fait braquer. »

C'est sur TF1, le 14 mars 2022, que l'ancien candidat communiste à la présidence de la République lance cette petite phrase, reprise bien sûr par tous les journalistes quelque temps plus tard. Pour cette galéjade très réussie, il reçoit même le prix de l'humour politique. Mais cette réplique ne vient pas de nulle part, Fabien Roussel fait ici référence à la hausse des carburants, qui a fortement touché le pays depuis 2018 et a même entraîné le mouvement des « gilets jaunes ». L'élan de sympathie envers le communiste ne le servira pas à l'élection de 2022, où il n'obtiendra que 2,28 % des voix.

Sommaire

CULTURE : LA RÉPARTIE LES REND LÉGENDAIRES

LES FRANÇAIS (AUSSI) SONT PLEINS D'ESPRIT

Sommaire

HISTORIQUES ET INOUBLIABLES !

EN POLITIQUE, C'EST PRESQUE UN DEVOIR…

Déjà parus

Les 100 Choses à avoir faites au moins
une fois dans sa vie à Paris
(Figaroscope, 2013)

100 Pièges à éviter pour écrire
et parler un excellent français
(Le Figaro littéraire, 2014)

100 Choses à avoir faites au moins une fois
dans sa vie à Paris avec ses enfants
(Figaroscope, 2014)

100 Bonnes & Mauvaises Manières
à connaître dans la vie
Le Guide du bien élevé
(Le Figaro, 2015)

Les 100 Citations et locutions
pour ne pas perdre son latin
(Le Figaro littéraire, 2015)

100 Expressions héritées de l'Histoire
(Le Figaro littéraire, 2015)

100 Anglicismes à ne plus jamais utiliser !
(Le Figaro littéraire, 2016)

100 Bonnes & Mauvaises Manières à connaître.
Le Guide du bien élevé en vacances
(Le Figaro, 2016)

100 Lieux du patrimoine français à avoir vus
au moins une fois dans sa vie
(Le Figaro, 2016)

100 pour cent chic -
Le Guide de l'élégance au masculin
(Le Figaro Magazine, 2016)

Aux origines des 100 superstitions
qui hantent ou réjouissent notre quotidien
(Le Figaro, 2017)

Le Tour de France des 100 péchés mignons
(Le Figaro, 2017)

100 Lieux pour se ressourcer en France
(Le Figaro Magazine, 2017)

100 Lieux qui ont fait la France
(Le Figaro Magazine, 2017)

100 Expressions savoureuses
à partager entre petits & grands
(Le Figaro, 2017)

100 Châteaux qu'il faut connaître à Bordeaux
(Le Figaro Vin, 2018)

Les 100 Inventions qui font la fierté de la France
(Le Figaro Magazine, 2018)

Les 100 Expressions à éviter au bureau & ailleurs
(Le Figaro, 2018)

Les 100 Romans français
(Le Figaro littéraire, 2018)

Les 100 Poèmes (qu'il faut absolument connaître)
(Le Figaro littéraire, 2019)

100 Expressions savoureuses
à partager entre petits & grands
(Le Figaro, 2017)

100 Châteaux qu'il faut connaître à Bordeaux
(Le Figaro Vin, 2018)

Les 100 Inventions qui font la fierté de la France
(Le Figaro Magazine, 2018)

Les 100 Expressions à éviter au bureau & ailleurs
(Le Figaro, 2018)

Les 100 Romans français
(Le Figaro littéraire, 2018)

Les 100 Poèmes (qu'il faut absolument connaître)
(Le Figaro littéraire, 2019)

Les 100 Répliques cultes du cinéma français
(Le Figaro, 2019)

Les 100 plus belles lettres de la langue française
(Le Figaro littéraire, 2020)

Les 100 citations de philosophie les plus précieuses
(Le Figaro littéraire, 2020)

Les 100 dates vraiment clés de l'histoire de France
(Le Figaro histoire, 2020)

Les 100 héroïnes de la littérature
(Le Figaro littéraire, 2020)

Déjà parus

Les 100 plantes qui soignent
(Le Figaro, 2021)

Les 100 personnages cultes de la BD
(Le Figaro, 2021)

Les 100 Héroïnes de l'art
(Madame Figaro, 2021)

Les 100 Expressions inspirées de l'art
(Le Figaro littéraire, 2021)

Les 100 héros de la littérature
(Le Figaro littéraire, 2021)

Pour (enfin) en finir avec ces 100 fautes de français
(Le Figaro littéraire, 2022)

Les 100 Règles du savoir-vivre
(Le Figaro littéraire, 2022)

100 mots & expressions employés
à mauvais escient
(Le Figaro littéraire, 2022)

100 mots à connaître (d'urgence)
pour rehausser un discours (ou une conversation)
(Le Figaro littéraire, 2023)

Au bureau aussi : 100 règles de la courtoisie
et du savoir-vivre
(Le Figaro, 2023)

Les 100 séries cultes
(qu'il faut avoir vues dans sa vie)
(Le Figaro, 2023)

Les 100 Expressions favorites de nos grands-mères
(Le Figaro littéraire, 2023)

Les 100 mots et expressions de la langue
française qui ont conquis le monde
(Le Figaro littéraire, 2024)

Pour en finir avec 100 tics de langage
(»Du coup» on dit quoi ?)
(Le Figaro, 2024)

« Bizarre... vous avez dit bizarre ? »
100 curiosités de la langue française
(Le Figaro littéraire, 2023)

L'auteur

Laurence Caracalla est née et vit à Paris. Elle est journaliste et écrivain.
Après avoir travaillé quinze ans dans l'édition, elle collabore régulièrement au *Figaro littéraire* et au *Figaro Magazine*.
Auteur d'une trentaine d'ouvrages, spécialiste de l'art de vivre, de littérature, de langue française et de culture, elle participe de temps à autre et pour notre plus grand plaisir au succès de cette collection des 100.

Société du Figaro. Siège social, 23-25, rue de Provence, 75009 Paris.
Président : Charles Edelstenne.
Directeur général, directeur de la publication : Marc Feuillée.
Directeur général adjoint : Jean-Luc Breysse.
Directeur des rédactions : Alexis Brézet.
Directeur du Figaro littéraire : Étienne de Montéty.
Auteur : Laurence Caracalla.

Éditeur : Robert Mergui.
Maquette : Sophie Trotin et Sarah Zanet.
Couverture : Philippe Gruson.
Création : Sophie Trotin.
Correction : Adrien Pearron.
Responsable de la diffusion : Sophie Miton.
Chargée de communication : Aurélie Broux.
Directrice de la production : Corinne Videau.
Directrice de la fabrication : Emmanuelle Dauer.

Crédit photo couverture : AdobeStock.

FR LE TRI + FACILE

ISBN : 9-782810-510443

Achevé d'imprimer en octobre 2024 sur les presses de l'imprimerie Pollina, France.
Imprimé sur papier Magno Natural 110 g produit par Sappi.